에덴동산

중세 세계지도 속 지상낙원

일러두기

이 책은 다음과 같이 표기한다.

1. 외래어는 외래어표기법에 따랐으나 인명, 지명 등의 독음은 원어 발음을 존중해 그에 따르고, 관용적인 표기와 동떨어진 경우 절충하여 실용적인 표기로 하였다.

2. 단행본·전집 등은 겹낫표(『 』), 논문·단편 등은 홑낫표(「 」), 그 외 TV 프로그램, 예술 작품 등의 제목은 홑화살괄호(〈 〉)로 표시하였다.

3. 직접적으로 인용한 부분은 큰따옴표(" "), 재인용이나 강조한 것은 작은따옴표(' ')로 표기하였다.

4. 본문에 사용된 고지도는 퍼블릭 도메인, 상업적 사용이 가능한 이미지들을 선별하여 수록하고 확인된 저자 및 출처를 표기하였다. 다만, 출처가 불분명한 고문서인 경우, 판본이 여러 버전인 경우 등의 이유로 명확히 확인이 안 된 이미지는 소장처를 기재하였다.

에덴동산

중세 세계지도 속 지상낙원

정인철 지음

씨아이알

들어가며

현재 우리는 북쪽이 위에 놓여 있는 지도를 사용하고 있다. 그러나 중세 세계지도에는 동쪽이 위에 있다. 이것은 동쪽이 해가 뜨는 방향이기도 하지만, 인간의 고향인 에덴동산이 동쪽에 위치한다고 성서에 언급되어 있기 때문이다. 한편 중세 이슬람교도들은 성지가 있는 메카를 지도의 위에 두고자, 지도의 위쪽에 남쪽이 위치하도록 했다. 이렇게 우리가 과학적이라 생각하고 있는 지도는 사실 종교에 의해 영향을 받는다.

특히 중세 세계지도는 인간 역사의 시작과 끝을 지도에 표시했다. 인간의 역사는 동쪽인 에덴동산에서 시작해서, 헤라클레스의 기둥이 위치하고 있다는 가디스에서 끝을 맺는다는 것이다. 이것은 시간과 공간을 일치시킨 것이다. 그런데 헤라클레스의 기둥 이야기는 그리스 신화에 언급된 내용일 뿐 성서에서는 발견할 수 없다. 따라서 중세 세계지도는 그리스 신화의 영향 역시 받았음을 알 수 있다.

중세 세계지도에는 에덴동산뿐만 아니라 성서에 나오는 많은 사건이 표시되어 있다. 이 사건들은 각각의 위치에 중요성에 따라 크기가 다르게 표시되고 때때로 위치가 변하기도 한다. 예를 들어 십자군전쟁 이전에는

에덴동산_중세 세계지도 속 지상낙원

지도의 중심에 그리스의 델로스섬이 위치했지만, 예루살렘 성지 회복의 중요성이 부각된 이후에는 예루살렘이 세계의 중심이 된다. 이러한 사실 역시 지도를 통해 확인할 수 있다.

이미지의 가장 큰 장점은 문자를 통해 명확하게 파악할 수 없는 사실을 명료하게 표현한다는 것이다. 대표적인 사례가 중세 시대의 지구의 형태에 대한 논쟁이다. 그렇지만 기독교 정통 신학자인 아우구스티누스의 저서에 수록된 그림을 보면 지구의 형태를 구로 생각했다는 사실을 거부할 수 없다.

그리고 신학적으로도 논쟁이 가능한 에녹과 엘리야의 현재 거주처 역시 지도를 통해 확인할 수 있다. 비록 모든 중세 지도는 아니지만, 일부 지도에서 에덴동산에 에녹과 엘리야의 이름을 표기하거나 그 모습을 그렸는데, 이는 이들이 에덴동산의 주민이라는 사실을 보여주고 있다.

또한 지도에 따른 에덴동산의 위치 차이 역시 중세와 르네상스 시기의 「창세기」 해석에 대해 생각할 수 있도록 한다. 인간이 갈 수 없는 머나먼 대륙에 그려져 있거나, 인도에 그려져 있던 에덴동산이 시간이 지남에 따라 아프리카로 옮겨 간다. 그리고 다시 성서에 따라 메소포타미아로 이전한다. 그 과정에서 전설의 제국인 사제 요한의 왕국 근처에 표시되거나, 때로는 나일강 수원이라고 알려져 있던 '달의 산' 정상에 표시되기도 한다. 이것은 에덴동산이 매우 오랜 기간 사람들의 지리관을 사로잡았다는 것을 보여준다.

이 책은 지도에 표시된 에덴동산에 대해 소개한다. 1세기 요세푸스의 낙원에서 흘러나오는 강에 대한 해석부터 시작해서 16세기 종교개혁가 칼뱅의 에덴동산 지리 내용을 아우른다. 그러다 보니 많은 해석과 부가적인 설명이 필요하다. 비록 근거자료를 인용했지만, 정확한 의미를 전달했는가에 대해서는 회의적이다. 신학적 그리고 철학적 지식이 취약하기에, 각각의 내용을 잘못 기술했는지에 대한 두려움을 가지고 있다.

그렇지만 필자는 지리학자로서 지도를 소개하고, 지리학자들이 연구했던 내용을 소개한다는 데에서 이 책이 의미를 가진다고 판단한다. 이 책의 내용이 인문학 콘텐츠를 보다 풍성하게 만드는 데 기여할 것이다. '백 마디 말'보다 '지도 한 장'이 공간에 대한 정보를 보다 명확하게 전한다는 관점에서 이 서적이 유용하게 활용되기를 기대한다.

차 례

제1장

성서의 에덴동산

제1장

성서의 에덴동산

「창세기」의 에덴동산

「창세기」 2장에는 여호와 하나님이 동방의 에덴에 동산을 창설했다는 내용이 기술되어 있다. '에덴'이라는 어원은 구약성서를 기록하는 데 사용된 히브리어로 '기쁨'이다. 그리고 '낙원'이란 단어는 원래 페르시아 왕의 과수원, '봉한 동산', 또는 '왕실 공원' 같은 특수 성격을 띤 완전한 휴식처를 의미하는 말이었다. 그리고 기쁨의 의미도 가지고 있다. 히브리어에서 낙원은 동산과는 다른 의미로 사용되었다. 그렇지만 그리스어에서는 이 단어가 에덴동산을 지칭하는 용어로 사용되기 시작했다. 이후 그리스어 신약성경이 라틴어로 번역되면서, 라틴어로 낙원을 지칭하는 파라디수스 paradisus가 차용되었는데, 에덴동산, 지상낙원 그리고 천상낙원을 뜻하는 말로 사용되었다. 따라서 에덴동산과 지상낙원은 동일한 의미를 가진다.[1]

그렇지만 에덴동산과 지상낙원의 용어 사용 문제는 여전히 학문적 관점에서 논의가 되고 있다. 이는 '에덴의 동산'인지 아니면 '기쁨의 정원'으로 번역하는 것이 정확한지에 대한 논의인데 히브리어에서 인도유럽어족으로 번역되는 과정에서 발생한 것이기도 하다.[2] 여기에서는 이에 대해서는 언급하지 않으며, 에덴동산과 지상낙원을 구분하지 않고 사용하기로 한다.

지상낙원인 에덴동산에 대해 구약성서 「창세기」 2장과 3장에는 다음과 같이 기술되어 있다.

주 하나님이 동쪽에 있는 에덴에 동산을 일구시고 지으신 사람을 그곳에 두셨다. 주 하나님은 보기에 아름답고 먹기에 좋은, 열매를 맺는 온 갖 나무를 땅에서 자라게 하시고, 동산 한가운데는 생명나무와 선과 악을 알게 하는 나무를 자라게 하셨다. 강 하나가 흘러와 에덴을 적시고, 에덴을 지나서는 네 줄기로 갈라져서 네 강을 이룬다. 첫째 강의 이름은 비손Pishon으로, 금이 나는 하윌라Havilah[3]의 온 땅을 돌아서 흐르며, 그 땅에서 나는 금은 질이 좋고 향료와 보석이 그곳에서 생산된다. 둘째 강의 이름은 기혼Gihon인데 구스Cush[4] 온 땅을 돌아서 흐른다. 셋째 강의 이름은 티그리스(힛데겔)로 앗시리아의 동쪽으로 흐르며, 넷째 강의 이름은 유프라테스이다. … 중략 … 주 하나님이 말씀하셨다. "보아라, 이 사람이 우리 가운데 하나처럼, 선과 악을 알게 되었다. 이제 그가 손을 내밀어서, 생명나무의 열매까지 따서 먹고, 끝까지 살게 하여서는 안 된다." 그래서 주 하나님은 그를 에덴동산에서 내쫓으시고, 그가 흙에서 나왔으므로 흙을 갈게 하셨다. 그를 쫓아내신 다음에, 에덴동산의 동쪽에 그룹들을 세우시고 빙빙 도는 불칼을 두셔서 생명나무에 이르는 길을 지키게 하셨다. (「창세기」 2:8-14, 3:22-24 표준새번역)

위에서 인용한 「창세기」 내용은 지상낙원이 아름다운 동산으로, 동쪽에 위치했다는 것을 암시한다. 그리고 아름답고 먹기 좋은 열매를 맺는 나무가 자라는데, 그 가운데에는 생명나무와 선악을 알게 하는 나무가 포함되어 있다. 또한 강 하나가 흘러와 에덴을 적시는데, 이 강이 나중에 네 줄기로 갈라진다는 것을 알 수 있다. 그 강의 이름은 비손, 기혼, 티그리스, 유프라테스이며 비손의 경우는 금이 많은 하윌라 지역을 흐르며, 기혼은 구스 땅을 흐른다고 언급되어 있다.

그리고 아담과 이브[5]가 이곳에서 거주하였는데, 선악과를 먹고 나서는 이곳에서 쫓겨났고 그들이 생명나무 열매를 따먹고 영생할 것이 염려되어 에덴동산의 동쪽에 그룹이라고 불리는 천사를 배치하고 빙빙 도는 불칼로 울타리를 만들어 인간의 접근을 막았다는 내용이 언급되어 있다.

지리학적 관점에서 이상의 구절을 통해 추정할 수 있는 에덴동산의 모습은 아름답고 풍요로운 곳으로, 네 개의 강이 발원한다는 것이다. 그리고 현재는 인간이 거주하지 않으며, 울타리나 담이 위치하고, 불칼로 무장한 천사가 지키고 있어서 사람이 들어갈 수 없는 곳이라는 내용이 기록되어 있다.

그렇지만 신학적 관점에서 에덴동산은 종말론과도 연관된다. 사실 에덴동산이 언급된 「창세기」 내용이 종말론적 용어를 사용하거나 종말론적 요소를 뚜렷하게 보여주고 있는 것은 아니다. 그렇지만 신학자들은 인간의 타락으로 창조 목적이 온전히 실현되지는 못했지만 언젠가 궁극적인 성취의 때가 온다는 측면에서 종말론과 연관시킨다.[6] 그리고 유대인들은 이스라엘의 회복을 에덴동산의 회복으로 그리기도 했다. 이 내용은 「이사야」에 언급되어 있다.

주님께서 시온을 위로하신다! 그 모든 황폐한 곳을 위로하신다. 주님께

에덴동산_중세 세계지도 속 지상낙원

서 그 광야를 에덴처럼 만드시고, 그 사막을 주님의 동산처럼 만드실 때에, 그 안에 기쁨과 즐거움이 깃들며, 감사의 찬송과 기쁜 노랫소리가 깃들 것이다. 「이사야」 51:3 새번역)

이외에도 에덴동산은 신의 임재 공간으로 이해되기도 한다. 그래서 타락한 인간이 다시 신에게로 돌아가는 의미로 에덴으로의 복귀를 이야기하기도 한다. 따라서 에덴동산은 단순한 물리적 공간이 아니라 다의적인 속성을 가진 장소가 되었다.

지상낙원은 비유가 아닌 실제로 존재하는 장소인가?

앞에서 언급한 「창세기」 구절에서는 비손과 기혼이 실제로 어디를 지칭하는지는 명확하지 않지만, 티그리스와 유프라테스는 에덴동산에서 흘러나온다는 점은 확인할 수 있다. 따라서 이 구절을 통해 에덴동산이 단순한 상징적 장소가 아니라 실제로 존재하거나 존재했던 지리적 실체를 가진 장소라는 사실을 알 수 있다.

그렇지만 이 구절의 실제 의미 해석에 대해서는 기독교 신학이 정립되는 과정에서 많은 논쟁이 있어 왔다. 논쟁의 핵심은 '에덴동산이 실재로 지구상에 존재하는가?' 아니면 '인간의 영적인 고향을 지칭하는 단순한 비유에 지나지 않는가?'에 대한 것이다.

성경해석은 크게 문자적 해석과 비유적(알레고리적) 해석으로 구분된다. 비유적 해석은 성경이 문자적인 의미를 뛰어넘어 더 깊은 의미를 가지고 있을 것이라는 '경건한' 전제에서 출발했는데, 은유, 예화, 비유 등을 모두 문자적으로 해석하려는 것을 막기 위해서 초기 교부들에게 사용되었다. 성서해석에 비유적 해석법이 많이 쓰이는 이유는 성서가 신의 말씀이므로 단순한 문자적 의미를 넘어 신비한 의미를 가지고 있을 것으로 보기 때문이다. 비유적 해석은 그리스 철학의 영향을 받은 해석법이기도 하다. 플라톤은 참된 실체란 인간의 눈에 보이는 것 이면에 놓여 있다고 하였다. 그렇지만 성경 본문의 문자적 의미는 일차적인 것으로, 알레고리에 앞서 주어지며, 전자가 없이 후자만으로는 성경이 해석될 수 없으므로 이를 명확하게 이분화하는 것은 어렵다. 즉 어떤 방식에 더 중요성을 부여하느냐에 따라 문자적 해석과 비유적 해석으로 구분된다고 볼 수 있다.[7]

에덴동산과 관련해서는 비유적 해석이 먼저 적용되었다. 이는 당시 학문의 중심이었던 알렉산드리아 학파의 신학자들을 중심으로 이루어졌다. 필로Philo of Alexandria(기원전 20년~기원후 50년경)는 로마 지배하에 있었던 알렉산드리아에서 살았던 그리스계 유대인이다. 당시 알렉산드리아는 로마의 학문적 중심지였다. 로마 최고의 도서관이 이곳에 위치했고, 그리스와 로마의 학자들이 이곳에서 집결해서 세계 각지에서 수집한 정보를 바탕으로 학문을 논의했다. 기원후 150년경에 『지리학Geographica』을 집필한 프톨레마이오스 역시 알렉산드리아 도서관에서 일했다.

필로가 알레고리를 주요한 성경 해석의 방법으로 사용하게 된 데는 스토아주의와 플라톤주의를 근간으로 하는 그의 세계관에 기인한다. 필로는 눈에 보이는 의미는 영원하고 완벽한 의미의 그림자에 지나지 않는다고 생각했다. 플라톤의 동굴의 비유를 보듯 필로는 성서를 보았고, 그 감추어진 철학적 의미를 밝히는 방법을 '비유적 해석'이라고 불렀다.[8] 성경의 문자적 해석만으로는 절대자인 신에게 도달하여 그분에 관해 알 수 없다고 주장했다.

또한 필로는 낙원 이야기를 선을 얻기 위한 도덕적 투쟁으로 보았다. 에덴동산은 이성적인 인간의 영혼을 나타낸다고 보았다.[9] 필로는 이러한 해석을 통해 「창세기」의 이 구절이 현재에도 유효하고 교훈을 준다고 생각했다.[10]

플라톤 철학을 자신의 신학과 영성의 기본 바탕으로 삼은 오리게네스 Origen of Alexandria(185~254) 역시 에덴동산을 물리적인 장소가 아니라 모든 영혼이 육신으로 내려오기 전에 신의 임재를 누리는 상태로 간주한다는 의미로 해석했다.[11] 즉 에덴동산을 물리적 장소가 아니라 신에게 가는 인간 영혼의 여정을 상징하는 것으로 본 것이다. 그는 아담과 이브의 타락이 역사적 사실일 뿐만 아니라 영적인 현실이라고 보았으며, 낙원을 구원과 회복의 필요성을 강조하는 인간 조건에 대한 비유로 보았다.

안디옥을 중심으로 시리아 지역에서 활동했던 안디옥 학파에 속한 신학자들은 당시 주류였던 알렉산드리아 학파의 비유적 해석방법을 거부하고 문자적으로 해석했다. 이들은 성서에 기록된 에덴동산은 당연히 실재한다고 주장하였다.

대표적인 신학자가 에피파니오스Epiphanius of Salamis(c. 310-320~403)이다. 그는 4세기 말엽 키프로스 살라미스의 주교를 지냈는데, 로마 가톨릭교회와 동방 정교회에서 성인이자 교부로 공경받고 있다. 그는 정통 신앙의 강력한 옹호자라는 명성을 얻었다. 그의 대표적인 저서는 당시 이단들의 목록을 작성하고 이를 비판한 『파나리온Panarion』이다. 그는 만일 네 개의 강이 실제 강이 아니고 비유라면, 「창세기」의 다른 내용도 사실일 수가 없으며, 구원의 의미 자체도 상실된다고 주장했다.[12]

그리고 테오도르Theodore of Mopsuestia(350~428) 역시 성경에 언급된 역사적 사건에 대해 의심하는 것은 신의 말씀에 대해 인간 이성이 의문을 품는 것이며, 아담과 이브의 역사적 존재성과 타락을 부인하는 것은 기독교 도그마 전체를 거부하는 것이라고 주장했다.[13]

두 학파의 논쟁은 상당 기간 지속되었지만 성 어거스틴으로 불리는 당대 최고의 신학자인 아우구스티누스Augustine of Hippo, 라틴어 Augustinus Hipponensis(354~430)에 의해 종결된다. 아우구스티누스는 『마니교 반박 창세기 해설On Genesis: Against the Manichees』에서는 낙원에 대해 비유적 해석을 했지만, 『창세기의 문자적 해설Literal Interpretation on Genesis』에서는 낙원 이야기와 관련해서 이 이야기의 모든 세부 사항이 실제로 일어난 일이라는 것을 강조했다. 그는 낙원 이야기는 비유적인 사물들에 대한 어법에 속하지 않고 실제로 일어난 일의 서술이라는 관점에서 해석하려고 노력했다.[14]

아우구스티누스는 「창세기」를 문자적으로 해석하는 데 우선권을 부여했다. 그러나 문자적으로만 해석하면 때론 주제에 따라 신성모독에 이를 위험성이 있으므로, 상징적이고 비유적인 해석에 대한 정당성 역시 부여했다. 아우구스티누스의 문자적 해석은 오늘날 우리가 생각하는 의미와는 차이가 있다. 그는 성경 문자의 피상적인 이해를 넘어서 보다 깊은 의미를 찾아내는 전체 과정을 문자적 해석으로 생각했다. 따라서 아우구스티누스의 문자적 의미는 때로 영적 의미를 내포하기도 한다. 그에게 낙원은 진짜 정원이었고, 생명나무와 선악과나무는 진짜 나무였으며, 강은 진짜 강이었다. 그는 낙원 이야기의 시공간적 틀의 현실성을 유지함으로써 그 이야기에 함축된 믿음의 진리를 가장 잘 지킬 수 있다고 생각했다.[15]

즉 그의 주장은 아담과 이브가 살았던 에덴동산은 역사적으로 실재했으며, 또 인간의 구속사에서도 비유적 의미를 가진다는 것이다. 이후 에덴동산은 실제로 지도상에 존재하는 공간이 되었고, 지도 위에 표시하는 것도 가능해졌다. 그리고 지상낙원에서 발원하는 강도 실제 강이 되었다.

에덴동산_중세 세계지도 속 지상낙원

세비야의 주교인 이시도루스Isidore of Seville(560~636)가 편찬하고 중세에 가장 많이 통용된 백과사전인『어원론Etymologiae』에는 지상낙원이 아시아에 위치한다고 기록되어 있다. 또한 이시도루스는 기혼이 에티오피아를 흐르며 이집트를 적시는데 이집트인들은 나일강이라고 부르며, 비손은 갠지스강이라고 기록했다.[16] 이는 낙원이 당시에 실제로 지상에 존재하는 장소라고 인식되었다는 것을 보여준다.

제1장 성서의 에덴동산

중세 마파문디와 시공간 일치

중세 마파문디와 시공간 일치

중세 마파문디의 특징

중세의 세계지도를 '마파문디Mappa Mundi'라 하는데 라틴어로 세계지도 란 의미이다. 그러나 오늘날의 세계지도와 달리 기하학적 투영법에 따라 제작된 것은 아니며, 단지 세계를 도식화한 것이다. 이미 기원후 150년경 에 프톨레마이오스가 기하학적 지도투영법을 제시했지만 중세 학자들은 이를 채택하지 않았다. 그렇다면 이 마파문디는 지구를 공처럼 둥글다고 생각하고 가정하여 제작된 것일까? 이에 대해서는 지구를 원반으로 보아 제작되었다는 이론과 구로 보아 제작되었다는 이론이 존재한다. 중세 백 과사전인 이시도루스의 『어원론』에도 이를 명확하게 언급하지 않지만, 단 서가 되는 이미지는 존재한다.

그림 1은 기독교 전통 신학을 정립한 아우구스티누스의 『신국론』을 1375년 라울Raoul de Presles이 프랑스어로 번역한 책에 수록된 삽화이다. 이 그림에는 신이 창조한 지구의 모습이 구형으로 명확하게 그려져 있다. 오른편에는 신이 아담을 깊이 잠들게 한 다음 뽑아낸 갈비뼈로 이브를 만

그림 1 『신국론』 1375년 판에 수록된 천지창조 모습(프랑스 국립 도서관)

드는 장면이 그려져 있다. 정통신학자인 아우구스티누스의 저서에 수록된 삽화에서 지구를 구로 표현했다는 것은 중세 지식인들이 지구를 공처럼 둥글다고 인식하고 있었다는 사실을 보여준다.[1]

그러나 대부분의 사람들은 별다른 생각이 없이 세계를 원형이나 타원형으로 표현했다. 게다가 중세와 르네상스 시기에는 지구의 모양을 두고 논쟁이 벌어지지도 않았다. 아우구스티누스가 명확하게 지구가 둥글다고 말한 것은 아니었으므로, 이를 잘못 해석할 경우 종교적 비판의 소지가 있었기 때문이다.

대부분의 중세 세계지도는 기독교 세계관의 표현이다.[2] 중세에도 그림 2와 같이 기후에 따라 북쪽과 남쪽에 각각 온대지역과 냉대지역을 표시하고 적도 근처에는 뜨거운 열대지역을 표시한 지도도 존재하지만, 이는 그리스 전통의 지도이지 기독교 세계관에 의해 제작된 것은 아니다. 중

그림 2 그리스 전통의 세계지도(11세기, 프랑스 국립 도서관)

그림 3 이시도루스의 『어원론』에 수록된 TO 지도(12세기, 영국도서관)

세의 전형적인 지도는 그림 3과 같은 TO 구조를 가진다. 이 지도는 이시도루스의 『어원론』에 수록된 것이므로, 수록된 정보량은 적지만 중세 세계지도의 공간 구조를 명확하게 보여주고 있다. 이 지도를 보면 주변부는 원형의 바다가 둘러싸고 있으며, 세 개의 대륙(아시아, 아프리카, 유럽)이 T자로 나뉜다. 아시아, 아프리카, 유럽인은 각각 노아의 세 아들 셈, 함, 야벳의 자손이 사는 땅에 해당한다. 대홍수 이후 노아가 세 아들에게 세 대륙의 땅을 분배했다는 이야기는 성서에는 존재하지 않는다. 그럼에도 불구하고 중세인들은 노아가 장남 셈에게는 가장 커다란 대륙인 아시아를, 자신의 허물을 들추어 낸 차남 함에게는 뜨거운 대륙인 아프리카를, 그리고 막내인 야벳에게는 추운 대륙인 유럽을 물려 주었다는 전승을 믿었다.[3] 아시아가 세 대륙 중 가장 좋은 땅인 것은 메시아가 아시아에서 탄생하기 때문이다.

그런데 「창세기」 9장에는 노아가 함을 저주한 것이 아니라 함의 아들인 가나안을 저주한 것으로 기록되어 있다. 가나안의 이름을 딴 가나안 지역은

에덴동산_중세 세계지도 속 지상낙원

「민수기」14장에 언급된 젖과 꿀이 흐르는 땅으로 현재 팔레스타인 지역, 즉 오늘날의 기준으로는 아시아에 속한다. 따라서 노아의 세 아들의 전승을 대륙 구분에 적용한 것은 오류이지만 중세인들은 이에 대해 특별한 의문을 제기하지 않았다.

그러나 한 가지 기억할 것은 중세에는 오늘날과 같은 대륙 구분이 적용되지 않았다는 것이다. 인종, 언어, 국가, 지리 역시 애매하게 표현되었다. 특히 아프리카의 경우는 지중해 연안의 지역만 리비아Lybia로 지도에 표기되었다. 이는 사하라 이남 대부분의 아프리카 지역이 중세인들에게 알려지지 않았기 때문이다. 그리고 중세인들은 아프리카 동부에 위치한 에티오피아를 인도와 혼동했다. 15세기와 16세기를 거치면서 비로소 대륙이 명확하게 구분되기 시작했다.[4]

T자의 수직선은 지중해이고, T자 가로선의 오른쪽 부분은 나일강을 나타내는 것으로 아프리카와 아시아를 나누며, 가로선의 왼쪽은 돈강을 나타낸다.[5] 대부분의 TO 지도에는 에덴동산이 표시되어 있지 않지만, 매우 소수의 지도에는 에덴동산이 표시되기도 했다.

그리고 지도에 따라서는 TO 형식을 따르지 않고 상상의 대륙인 대척지에 해당하는 앤티포드Antipode가 표시되는 경우가 있다(그림 11 참조). 대척지는 유럽인들이 살고 있는 지역의 반대편, 즉 동반구 아니면 남반구에 상상의 대륙을 그린 것을 지칭한다. 중세인들은 지구가 우주에서 중심을 유지하기 위해서는 다른 반구에 무거운 대륙이 있어야 한다고 생각했기 때문에 상상의 대륙을 지도에 표시했다.

그렇지만 대척지에 인간이 거주하는 것은 불가능하다고 생각했다. 왜냐하면 대척지에 인간이 갈 수 없는 상태에서, 만일 그곳에 인간이 거주한다면 세상 끝까지 복음을 전파하는 인간의 사명 자체가 성립하지 않기 때문

그림 4 〈헤리퍼드 마파문디〉의 상단 부분(1300년경, 헤리퍼드 대성당)

이다. 즉 신이 처음부터 불가능한 사명을 부여한 모순이 발생하는 것이다.

중세 세계지도에 수록된 지명의 대부분은 기독교와 관련된 것이다. 특히 인간의 구원과 관련해서 중요한 의미를 가지는 장소들이 지도에 표시되었다. 이러한 구원을 가장 잘 보여주는 지도가 1300년경에 제작된 〈헤리퍼드 마파문디Hereford Mappa Mundi〉이다. 그림 4는 지도의 윗부분으로 지도의 제작 목적을 명확하게 하고 있다. 가장 위에는 그리스도가 좌정하고 있으며, 그 아래에 천사들이 위치한다. 그리스도의 손과 발에는 못 자국이 그려져 있다. 그리스도의 오른쪽에는 천사가 말하는 장면과 함께 "일어나라! 영원히 기쁨의 찬양을 할 것이다"[6]라는 문구가 쓰여 있다. 그리고 구원받은 성도들이 기뻐하는 모습이 그려져 있으며, 그리스도 왼쪽에 위치한 천사 옆에는 "일어나라! 너는 지옥에 있는 불길로 가게 될 것이다"[7]라는 문구가 표기되어 있다. 동시에 그 오른편에 지옥으로 끌려가는 사람들의 모습, 그리스도의 아래 편에는 성모 마리아가 그려져 있다. 또

에덴동산_중세 세계지도 속 지상낙원

한 "사랑하는 아들아, 네가 육신을 입었고, 동정녀의 젖을 찾았던 가슴을 보거라, 당신 자신이 맹세하신 대로 나를 구원의 길로 만드신 이래 나를 섬긴 모든 이들에게 자비를 베푸소서"[8]라는 문구가 표기되어 있다.[9]

이 문구는 「누가복음」 11장 27~28절에 언급된 "예수께서 이 말씀을 하고 계실 때에, 무리 가운데서 한 여자가 목소리를 높여 그에게 말하였다. '당신을 밴 태와 당신을 먹인 젖은 참으로 복이 있습니다.' 그러나 예수께서 이렇게 말씀하셨다. '오히려, 하나님의 말씀을 듣고 지키는 사람이 복이 있다'"라는 구절을 연상시킨다. 이는 구원을 받기 위해서는 심판을 대비해야 한다는 의미이다.

또한 중세지도와 르네상스 지도에는 말세에 예수 그리스도의 교회를 혼란에 빠뜨리는 세력인 곡과 마곡이 표시되어 있다. 1234년경에 제작되었지만 제2차 세계대전 중 폭격으로 사라진 〈엡스토르프 마파문디Ebstorf

그림 5 〈엡스토르프 마파문디〉의 곡과 마곡 부분
(1234년경, 독일 란트샤프트 박물관)

Mappa Mundi〉에는 카스피해 동쪽 연안의 완전히 차단된 지역에 나체 상태인 두 사람이 인육을 먹고, 인간의 피를 마시는 장면을 묘사하고 있다. 이는 「에스겔」 39장 18절의 "너희는 용사들의 살을 먹고, 세상 왕들의 피를 마셔라. 바산에서 살지게 기른 가축들, 곧 숫양과 어린 양과 염소와 수송아지들을 먹듯이 하여라"라는 구절을 연상시킨다.

아우구스토두넨시스Honorius Augustodunensis가 1110년 제작한 〈솔리 지도Sawley map〉에서는 곡과 마곡을 구체적인 종말의 민족의 의미로 표시한다(그림 7 참조). 이 지도에서는 네 모퉁이에 「요한계시록」에서 언급하는 말세의 네 천사를 그린다. 이 중 한 천사가 곡과 마곡을 손가락으로 가리키고 있으며, 지도에는 '더러운 민족 곡과 마곡'이라고 구체적으로 지명을 표기한다. 또한 현세에서 가장 중요한 장소인 예루살렘의 경우 도시의 실제 규모보다 훨씬 크게 그렸고, 주변에 예수 그리스도의 십자가 고난 등 성서에 언급된 내용을 그렸다.

한편 종말론적 관점에서 예루살렘을 그린 지도도 존재한다. 〈엡스토르프 마파문디〉에는 예루살렘 성의 문이 12개로 그려져 있다. 이는 「요한계시록」 21장에 언급된 내용으로 천사가 사도 요한에게 하늘의 새 예루살렘 성의 모습을 보여주었는데, 요한이 본 성의 모습과 일치한다. 요한은 크고 높은 성벽과 열두 대문이 있으며 정사각형 형태를 가진다고 기술했는데, 이는 지도에 그려진 예루살렘의 모습과 완전히 일치한다.

사도 요한은 「요한계시록」 21장에서 처음 하늘과 처음 땅이 없어지고 새 하늘과 새 땅을 보았으며, 거룩한 도성 새 예루살렘이 하나님께로부터 하늘에서 내려옴을 보았다. 그리고 하나님의 말씀대로 거룩한 삶을 산 성도들만 들어갈 수 있다고 기술했다.[10] 따라서 새 예루살렘은 종말의 구원과 관계된다.

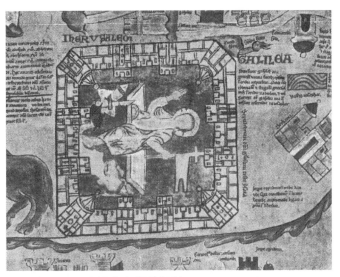

그림 6 〈엡스토르프 마파문디〉의 예루살렘 부분(독일 란트샤프트 박물관)

이 지도의 예루살렘에 표시된 그리스도는 텅 빈 무덤 위에 서 있고 그 옆에는 무덤을 지키는 병사의 모습이 그려져 있다. 이것은 그리스도의 부활을 보여준다. 더 이상 그리스도가 고난받은 이전의 예루살렘이 아닌 부활하신 그리스도가 주관하시는 새 예루살렘의 모습인 것이다.

중세 세계지도의 시공간 일치

중세의 저자들은 지도에 채워 넣을 지리정보가 절대적으로 부족했으므로 그리스와 로마시대 지리학자들의 저서와 성서의 내용을 참조하여 세계지도를 만들었다. 지도의 축척에 따라 다르지만, 비교적 크게 표시된 상징들은 그리스 전통과 기독교 전통에서 매우 중요한 의미를 가진 장소들을 나타낸다.

그러면 이러한 장소들은 지도에 실제로 어떻게 배치되었을까? 1188년 경에 제작된, 영국 노스요크셔의 솔리Sawley에 위치한 수도원이 소장했던 〈솔리 지도〉를 통해 살펴보기로 하자(그림 7).

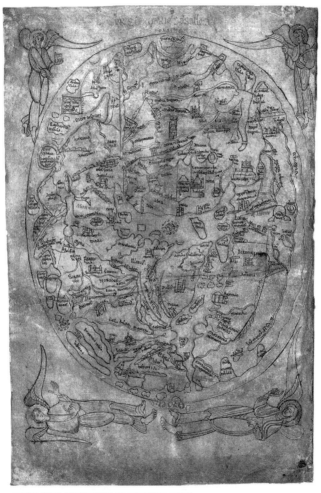

그림 7 〈솔리 지도〉(1188년경, 캠브리지 대학교 도서관)

에덴동산_중세 세계지도 속 지상낙원

지도에는 메소포타미아, 갠지스강, 바벨탑, 예루살렘, 델로스, 알렉산드리아, 콘스탄티노플, 파리, 로마, 피사 등이 표시되어 있다. 동쪽 끝에는 지상낙원, 서쪽 끝에는 헤라클레스의 기둥, 남쪽 끝에는 에티오피아, 그리고 북쪽 끝에는 괴물인간이 사는 장소가 그려져 있다.

우선 이 지도에는 동쪽이 위쪽으로 그려져 있다. 이는 동쪽이 가장 중요한 방향이기 때문이다. 즉 해가 뜨는 방향이기도 하지만 에덴동산이 동쪽에 위치한다고 생각했기 때문이다. 현재와 같이 지도에서 북쪽이 위로 놓인 것은 나침반이 널리 보급된 이후의 일이다. 여기서 생각할 것은 이 지도가 지리적 사실을 정확하게 표현한 것이 아니라는 것이다. 사실 에덴동산이 동쪽 끝이 아니라는 것은 「창세기」에도 언급되어 있다. 「창세기」 4장에는 아담의 아들인 가인이 에덴 동쪽 놋 땅에서 살았고, 가인이 '에녹성'을 쌓았다는 내용이 기술되어 있다. 따라서 에덴동산을 동쪽 끝에 위치시킨 것은 상징적인 의미라고 볼 수 있다.

그리고 지도 중심에는 여러 개의 섬으로 형성되어 있는 에게해의 키클라데스 제도Cyclades Islands가 위치하는데, 델로스Delos가 이 제도에 포함되어 있다. 델로스는 기원전 5세기 델로스 동맹의 본부로, 그리스 신화에서 아폴론과 아르테미스 신의 고향으로 신성한 장소로 인지되었다.[11] 그러나 고대 그리스인들은 아폴론 신전이 위치한 델포이Delphi를 지구의 배꼽navel 또는 omphalos으로 간주했기 때문에, 이 지도에서 델로스가 반드시 지도의 중심점이라고 볼 수는 없다. 단지 지중해 세계를 지도의 중앙부에 위치시켰을 따름이다. 지중해 세계는 인간 거주가 가능한 오이쿠메네[12]의 중심이었다. 그렇지만 1244년 예루살렘이 이교도에게 점령당한 이후에는 지도의 중심에는 예루살렘이 놓이기 시작했다.[13] 예루살렘은 그리스도가 십자가에 못 박혀 돌아가신 곳이자 부활하신 장소로, 인간 구속사의 전기가 되는 곳이다. 그리고 성서에도 예루살렘이 세계의 중심임을 암시하는 구절이 있다.[14] 따라서 예루살렘이 기독교 세계의 영적인 중심지인 것은 당연하다. 이제 예루살렘은 영적인 중심지와 지리적 중심지의 역할을 동시에 하게 되었다.

실제로 중세인들은 예루살렘을 세계의 배꼽으로 생각했다.[15] 그리고 지도의 서쪽 끝에는 두 개의 산이 지중해의 남쪽과 북쪽에 그려져 있다. 이는 헤라클레스의 기둥Pillars of Hercules에 해당한다. 이시도루스의 『어원론』에 의하면 헤라클레스가 스페인 남서부의 항구도시 가디스Cádiz, Gades에 와서 기둥을 세웠다고 한다.[16] 가디스는 콜럼버스가 1492년 항해를 시작한 곳이기도 하다. 전승에 따르면 기둥에 "더 이상 아무것도 없다"라는 문구가 새겨져 있었다고 하는데, 이 기둥은 지도에 자주 등장함으로써 알려진 세계인 지중해와 미지의 세계인 대서양 사이의 경계를 은유적으로 표시하는 역할을 했다.[17]

그런데 중세 세계지도에서 중요한 것은 지도의 동서축이 시간의 방향과 연계되어 해석된다는 것이다. 인류 역사의 시작과 종말을 규정하는데, 인류의 역사가 아담과 이브가 거주하던 에덴동산에서 시작해서 그리스도의 탄생과 부활로 정점을 맞고 그리스도가 재림함으로써 인류의 종말이 도래한다는 것을 전제로 한다. 즉 성경의 각 책이 배열된 순서와 동일한 것으로, 인류의 역사는 천지창조가 일어난 「창세기」에서 시작하고, 그리스도의 재림과 구원받은 신자들이 거주할 새 예루살렘에 대해 언급한 「요한계시록」에서 마치게 되는 것이다.[18]

이는 아우구스티누스의 신학 이론에 기반한다. 아우구스티누스의 『초심자교리On the Catechizing of the Uninstructed』[19]에 이 내용이 언급되어 있는데, 이 내용은 여섯 날의 창조를 인류 역사의 여섯 시대six ages로 확장해 우의

에덴동산_중세 세계지도 속 지상낙원

적allegorical으로도 설명하는 것이다. 그는 인류의 역사를 6일간의 천지창조를 모형으로 하여 ① 아담에서 노아까지의 시대, ② 노아에서 아브라함까지의 시대, ③ 아브라함에서 다윗 사이의 시대, ④ 다윗에서 바빌론 유수까지의 시대, ⑤ 바빌론 유수에서 그리스도의 탄생까지의 시대, ⑥ 그리스도의 탄생 이후에서 현재까지의 여섯 시대로 구분하였다. 이 이론은 이시도루스의 『어원론』에도 언급되어 있다. 이시도루스는 여섯 시대를 구체적으로 세분했는데, 여섯 번째 시대 중 615년경 동로마제국 서고트왕국의 시세부트Sisebut 국왕 당시에 스페인의 유대인이 기독교로 회심한 내용을 언급했다. 그리고 이후에 진행될 사건은 신만이 알고 있을 것이라고 기술했다.[20]

그런데 지상낙원에서 예루살렘까지는 구속사적 관점에서 의미가 있는 역사적 사건이 일어난 성서에 언급된 장소를 지도에 나타냈기 때문에 시간의 변화와 연관시켜 해석하기가 쉽다. 그렇지만 예루살렘에서 서쪽으로 나아가는 방향의 해석은 명확하게 판단하기가 어렵다.

이러한 시공간일치 이론은 위그 드 생 빅토르Hugues de Saint-Victor(1096~1141)의 역사 발달 이론에 의해 강화된다. 위그는 그의 이름이 시사하듯 12세기 파리에 있던 생-빅토르 수도원Abbey of Saint Victor에서 활동한 신학자이다. 그는 '12세기에 가장 영향력 있는 신학자'로 평가받을 정도로 뛰어난 업적을 남겼다.

위그는 노아의 방주를 인류의 구원과 관련지어 설명한 『신비한 방주The Mystic Ark』를 집필했는데, 이 책은 서유럽 국가 사상가들의 관심을 끌었다. 그는 방주의 뱃머리가 동쪽으로 향하고 끝이 서쪽에 닿아있는 것과 마찬가지로 지도도 동쪽에서 서쪽으로 배치되며, 세상의 끝은 시간의 끝과 동일하다고 기술했다.[21] 그리고 그리스도의 몸이 세계 그 자체라고 했다. 그리스도의 머리는 세계의 시작이고 발은 세계의 종말이며, 이것은 시간적인 관점에서도 그대로 적용된다. 이러한 내용은 역사의 서진westward progression과 관련되어 해석되었다.[22]

위그는 지도에 표시된 장소의 위치정보뿐만 아니라 진정한 장소성을 찾고자 했다. 즉 상징물의 기표가 아니라 기의를 탐색하고자 한 것이다. 위그의 주장에 따르면, 지도학은 학자들의 시각뿐만 아니라 일반 대중의 관심과 참여를 고려해야 한다. 특정 장소의 재현을 통해 구원의 역사를 더 잘 이해하도록 하는 것이 지도의 역할이라는 것이다.[23]

지도 해석은 일반적인 문서 해석과 달리, 정확하게 지도 제작자의 의도를 파악하기 어려운데, 제작자가 명확하게 어떤 논거에 의해 지도를 만들었다는 언급을 하지 않기 때문이다. 또한 책의 저자와 지도 제작을 담당한 사람이 다른 경우, 지도의 내용과 저술 내용이 다른 경우도 발생한다. 따라서 어떤 세계관에 의해 지도가 제작되었는지를 파악하기는 어렵다.

대체로 위그의 주장을 인용하여 제작된 지도는 동서로 긴 타원형을 가진다. 노아의 방주 형태가 타원형이기 때문이다. 영국의 연대기 작가이며 베네딕트 수도사인 라눌프 히거든Ranulf Hidgen의 『종합연대기Polychronicon』에 수록된 세계지도는 타원형으로 제작된 것으로 볼 때 위그의 세계관을 채택했다고 볼 수 있다.

상단의 빈 사각형은 원래 아담과 이브를 그렸어야 할 지상낙원 자리이나, 제작자가 실수로 빈칸으로 남겨둔 것이다. 지상낙원 아래에는 바빌론, 페르시아, 아시리아의 지명이 표시되어 있다. 각각 바빌론 시대, 페르시아 시대, 아시리아 시대를 지칭하는데, 시대별로 이스라엘 민족이 당한 고난의 내용이 구약성서에 언급되어 있다.

그리고 아래에는 노아의 방주와 바벨탑, 출애굽의 상징인 홍해가 표시

에덴동산_중세 세계지도 속 지상낙원

그림 8 〈라눌프 히거든 지도〉(1342년, 영국도서관)

되어 있고, 중심부에는 예루살렘이 위치한다. 그리고 지중해 서쪽 끝에는 헤라클레스의 기둥이 그려져 있다. 그 기둥 왼쪽에 성당이 표시된 장소는 스페인의 산티에고 데 콤포스텔라이다. 흥미로운 것은 이 성당의 파사드에 그려진 중앙 십자가의 모습이 현재 성당의 모습과 유사하다는 것이다. 대성당 건축이 1075년에 시작되었다는 사실을 고려할 때, 아마도 지도 저자가 산티에고 데 콤포스텔라를 방문하여 스케치했을 가능성이 높다. 실제로 야고보 사도의 무덤이 있는 이 성당은 9세기부터 성지순례 대상지가 되었다. 산티에고 데 콤포스텔라에 도착했다는 것은 세계 복음화의 완성을 의미하며, 그리스도의 재림에 의한 최후의 심판이 임박했음을 나타낸다.

〈엡스토르프 마파문디〉 역시 위그의 세계관을 반영했다. 이 지도는 세계를 그리스도의 몸으로 표현했다. 이 지도를 보면 그리스도의 머리가 동쪽에, 그리고 발이 서쪽의 헤라클레스의 기둥 아래에 있는 것을 확인할 수 있다. 즉 동쪽 끝의 에덴동산에서 시작한 구원의 역사가 서쪽 끝인 가디스에서 완성되는 것이다(그림 9).

중세 세계지도가 이렇게 세계와 시간의 전개가 동시에 이루어지게 표현한 것은 기본적으로 아우구스티누스의 생각에 의한 것이다. 그는 인간

시간과 공간의 흐름

그리스도의 머리
에덴동산

바벨탑

그리스도의 손
예루살렘

로마

가디스
그리스도의 발

그림 9 〈엡스토르프 마파문디〉의 시공간(독일 란트샤프트 박물관)

에덴동산_중세 세계지도 속 지상낙원

은 지상의 낙원에서 창조되었으며, 세계는 원을 그리며 순환하는 것이 아니라 신의 목적을 향해 앞으로 나아가고 있다고 생각했다. 또한 세계는 시간 속에서 만들어진 것이 아니고 시간과 더불어 만들어졌다고 『신의 도성』11편에서 주장한다.[24] 즉 피조세계가 존재하지 않는 곳에는 시간도 존재하지 않으므로, 시간과 공간은 분리되어 생각할 수 없다.

중세 세계지도의 에덴동산

중세 세계지도의 에덴동산

에덴동산의 지리적 위치

「창세기」 2장 8절에서는 에덴동산이 동쪽에 위치한다고 명확히 언급하고 있다. 그러나 문제는 이 '동쪽'이 어디인가이다. 이에 대한 해석은 시대와 학자에 따라 다르며, 이에 따라 에덴동산의 지도상 위치도 달라진다.

성서에서는 이 땅의 위치를 정확하게 언급하지 않았다. 그런데 문제는 낙원을 지도 위에 표시해야 한다는 것인데, 막연히 동쪽에 위치한다고 말하는 것과 지도에 표시하는 것은 완전히 차원이 다르다. 일단 지도에 표시되면, 사실 여부와는 상관없이 누구나 지도를 진실이라고 믿는 성향을 보이기 때문이다.

중세 세계지도가 에덴동산을 표현한 방식을 지리적 위치에 따라 구분하면 다음과 같은 유형화가 가능하다.

첫째, 6세기 상인으로 인도[1]를 여행한 후 수도사가 된 코스마스Cosmas Indicopleustes는 그리스 지리학 전통을 받아들였다. 그는 인간 거주 공간인 오이쿠메네가 모두 대양에 의해 둘러싸여 있으며, 대양을 지나면 또 다른 대륙이 있는데 이곳에 에덴동산이 있다고 생각했다.[2] 그래서 그는 동쪽에 있는 대양 너머의 대륙의 모습으로 낙원을 표시하였고(그림 10), 인간이 거주하는 공간의 형태를 네모 모양으로 형상화하였다. 그가 이렇게 오이쿠메네의 형태를 네모라고 생각한 이유는 세계가 성막Tabernacle의 이미지를 닮았다고 생각했기 때문이다.

성막은 모세가 출애굽한 이후 시내 광야에 있을 때 신께서 보여주신 양식대로 만든 언약궤를 모셔두는 이동식 막(텐트)을 가리키는데, 이는 「출애굽기」 26장에 언급되어 있다. 성막에 해당하는 히브리어 미쉬칸מִשְׁכָּן의 문자적 의미가 '거주지dwelling place'이므로[3] 코스마스가 성막을 거주공간의 모형으로 해석한 것은 이해가 가능하다.

코스마스는 대양 너머의 대륙에 대해 원죄 이후 아담과 그의 자손들이 이곳에 거주했는데, 경작하기가 어렵고 야생동물이 많아 척박한 땅이라고 주장했다. 아담의 자손들은 노아의 대홍수 이전까지 이곳에 거주하다가 대홍수 시 방주를 타고 150일이 걸려 현재 우리가 살고 있는 곳에 도달했고 이후 다시는 그곳으로 돌아가는 것이 불가능해졌는데, 이는 우리가 살아서 낙원에 들어가지 못하는 것과 동일한 원리라고 주장하였다.[4]

그의 지도에서 낙원은 대양에 의해 인간 세상과 완전히 단절되어 있으나 강을 통해 인간세계와 연결되어 있다. 인간은 지상낙원으로 다시 돌아갈 수 없지만 낙원은 여전히 존재하며, 강을 통해 인간에게 생명의 근원인 물을 공급하고 풍요한 문화 건설을 가능하게 해준다는 것이다. 그는 동쪽에 있는 낙원에서 발원한 네 강이 바다로 흘러들고 다시 육지에서 흘러가는 모습을 지도에 표시했는데, 지구의 동쪽과 남쪽은 고도가 낮은 반면 북쪽과 서쪽은 높아서, 유프라테스강과 티그리스강은 급하게 흐르는 반면 남에서 북으로 흐르는 나일강은 느리게 흐른다고 기술하였다. 코스

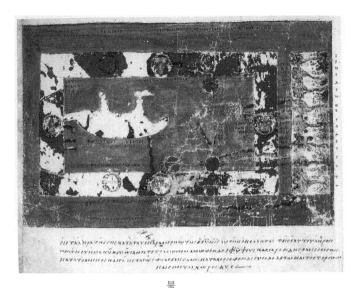

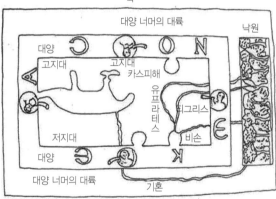

북

대양 너머의 대륙

낙원

대양

고지대

고지대

카스피해

유프라테스

티그리스

저지대

비손

대양

대양 너머의 대륙

기혼

그림 10 〈코스마스 지도〉(6세기, 정인철, 2008)

마스의 지도에서의 낙원 표현이 뒤에서 살펴볼 다른 지도와 완전히 다른 것은 그가 동로마 지역에 거주하여 아우구스티누스의 영향을 받지 않았기 때문이다.

코스마스는 다른 학자들과 달리 세계의 네 끝을 인도, 켈트, 에티오피아, 스키타이로 간주했다. 그리고 로마 가톨릭에 의해 이단으로 정죄된 동방의 네스토리우스파[5] 신자들에 대해 관심이 많았다. 그는 여행을 마치고 시나이에서 정교회 수도사가 되었고 자신들을 이단으로 정죄한 가톨릭 신자들을 용서했다.[6]

코스마스처럼 지구의 형태를 사각형으로 전제하지는 않았지만, 다마스쿠스의 요한John of Damascus(675~749)과 9세기 시리아 정교회 주교인 모세 바르 게바Moses bar Cephas(813~903) 등은 낙원이 대양 너머의 대륙에 위치한다고 생각했다.[7]

둘째, 오이쿠메네에 속했다고 볼 수 있지만, 여전히 가기 어려운 육지와 가까운 섬으로 낙원을 표시한 유형이다. 대표적인 지도로는 〈솔리 지도〉(12세기 후반)와 『꽃의 책Liber Floridus』(1120)에 수록된 지도, 〈헤리퍼드 마파 문디〉(1300)가 있다. 『꽃의 책』은 1090년에서 1120년 사이에 프랑스의 람베르Lambert of Saint-Omer가 편찬한 백과사전으로 처음에 라틴어로 작성되었으나 이후 프랑스어로도 번역되었다. 이 책은 점차적으로 7세기에 집필된 이시도루스의 『어원론』을 대체했다.

『꽃의 책』에 수록된 지도에서는 오이쿠메네가 대양으로 둘러싸여 있으며, 지구는 북쪽과 남쪽의 두 반구로 나뉘어 있다(그림 11). 그리고 지도의 왼편 위에 표시된 섬이 지상낙원이다. 그런데 주변의 지명을 보면 인도의 동쪽에 위치하고 있음을 확인할 수 있다. 에녹과 엘리야의 이름을 이 섬에 기재하여, 이들이 낙원에 거주하고 있음을 보여준다. 그리고 불기둥을 낙원 주변에 그려서 낙원이 대양과 불에 의해 차단되고 있음을 보여주고 있다. 오른쪽에 위치한 대척지는 온화한 남쪽의 대륙으로 아담의 자손에게는 알려지지 않았다고 기록되어 있다.

낙원과 인간을 연결하는 끈은 오이쿠메네에 물을 공급하는 네 강으로

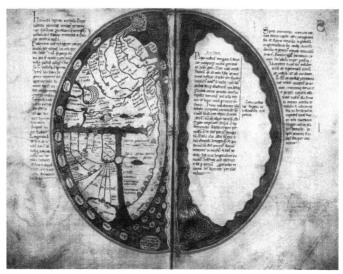

그림 11 『꽃의 책』에 수록된 지도(1120년, 독일 볼펜뷔텔 헤르조그 아우구스트도서관)

표시하는데, 람베르는 이 네 강에 대해 다음과 같이 묘사한다.

> 기혼은 나일이라 불리며 에티오피아에 물을 공급한다. 비손은 인도의
> 강으로 많은 사람이 갠지스라 부른다. 유프라테스는 아라비아의 강으로
> 바빌론을 가로질러 메소포타미아를 흐른다. 티그리스는 페르시아의 강
> 으로 메디아를 가로지른다.[8]

〈헤리퍼드 마파문디〉(그림 12)에는 낙원이 인도와 동쪽에 위치하는 섬으로 그려져 있다. 섬 오른편 아래에는 아담과 이브가 추방되는 모습이 그려져 있다. 낙원 바로 아래편 육지에 위치한 성은 「창세기」 4장 17절에 기록된 가인이 건설한 도시로 가인의 아들의 이름을 딴 에녹Enoch[9]이다. 중세 신학자 위그는 에녹이 인도의 가장 동쪽에 위치한다고 기록했다.[10]

에덴동산_중세 세계지도 속 지상낙원

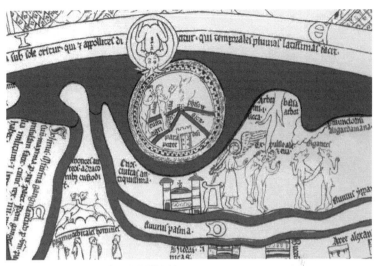

그림 12 〈헤리퍼드 마파문디〉의 지상낙원 부분(1300년)

　실제로 이 지도의 영향을 받았는지는 알 수 없지만, 실론 근처에 있
는 섬에 낙원이 있다고 기술한 여행자도 있다. 1338년에서 1353년 사이
에 중국과 인도를 여행한 마르기놀리Giovanni de Marignoli(1290~?)는 실론에
위치한 산에서 아담의 정원을 발견했다고 주장했다.[11] 그리고 예루살렘
을 여행한 헤스Johanesse Witte de Hese는 1400년경 출간한 『여행기Itinerarius of
Johannes Witte de Hese』에서 1389년경 인도양 근처 섬에 있는 산에서 낙원을
발견했다고 기술했다.[12]

　셋째, 오이쿠메네 내의 내륙에 낙원을 위치시킨 유형의 지도이다. 그
런데 이들 지도는 대부분 인도 근처에 에덴동산을 표시했다. 중세 저자들
은 지상낙원의 위치를 명시할 수 없었다. 그래서 문헌에 의존할 수밖에
없었는데 그중 하나가 플리니우스의 『박물지Natural History』이다. 이 책에서
언급된 가장 동쪽 지역이 인도였으므로,[13] 사람들은 지상낙원이 인도에 위

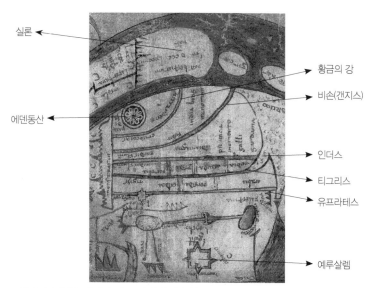

실론

황금의 강

비손(갠지스)

에덴동산

인더스

티그리스

유프라테스

예루살렘

그림 13 〈바티칸 유사 이시도루스 지도〉의 지상낙원 부분(763년, 바티칸도서관)

치한다고 생각했다. 이로 인해 이시도루스는 낙원을 아시아의 한 지역으로 간주하였는데, 『어원학』의 아시아 편에서 아시아를 소개하면서 "아시아는 많은 지역과 지방을 포괄한다. 나는 그 장소들을 낙원부터 시작하여 간략히 기재하고자 한다"라고 언급하였다. 그림 13은 763년경에 제작된 지도로, 한때 이시도루스의 지도로 알려져 있었으나 후대에 아니라고 판명되어 지금은 〈바티칸 유사 이시도루스 지도Pseudo-Isidorian Vatican map〉로 불린다. 이 지도에서는 낙원을 실론과 마주 보게 위치시키고 있다.

또한 인도의 북쪽이나 동쪽에 낙원을 위치시킨 지도도 존재한다. 베아투스Beatus of Liébana(730년경~800년경)의 『계시록 주해』에 첨부된 지도(그림 15 참조)에서는 아담과 이브, 생명나무, 뱀의 모습으로 나타난 사탄을 그려서 낙원을 표현하였으며, 인도의 북쪽 지역에 위치시킨다.[14]

베아투스의 『계시록 주해』는 종말론이 크게 대두되던 시기인 8세기 후반 에스파냐 리에바나의 수도사 베아투스가 종말론을 언급한 「요한계시록」을 주해한 것으로 776년 초판이 발행되었다. 그는 자신이 아우구스티누스가 언급한 여섯 시대의 마지막 시기에 살고 있다고 생각했다.[15] 이 책은 원본이 남아 있지 않으며, 이후 다양한 내용들이 추가된 판본이 제작되었다. 이슬람 세력이 스페인을 정복하고 그들의 종교와 문화로 스페인의 근간을 흔들고 있다고 여기던 시기, 그들은 「요한계시록」을 필사하고 읽으면서 외세로부터 자신들을 구원할 메시아와 함께 천년왕국이 오기를 기대하였다. 하나님 나라의 도래와 악한 세력의 파멸이 관심사인 종말론은 중세 이데올로기의 핵심 사상이었다. 그러므로 천년왕국설[16]과 함께 종말론을 이야기하는 『계시록 주해』는 중세의 사상을 대변하는 책이 되었다.[17]

이후에 제작된 〈엡스토르프 지도〉(1235~1240), 〈시편 지도Psalter map〉(1265), 〈이브셤 지도Evesham map〉(1415)에서도 인도 동쪽에 낙원을 위치시키는데, 거리와 방위를 중요하지 않게 생각한 중세 세계지도의 전통에서는 인도의 북쪽과 동쪽 같은 지도상에서의 방위는 별다른 의미를 가지지 못한다. 중요한 것은 이렇게 오이쿠메네 내에 낙원을 위치시켰다 하더라도 이것이 낙원에 인간이 갈 수 있다는 것을 의미하지는 않는다는 것이다.

에덴동산 표현 방법

에덴동산은 상상 속의 장소가 아니라 실재하는 공간이 되었고, 지도 위에 표시할 수 있는 장소로 인정되었다. 따라서 중세 세계지도에 에덴동산이 지구 동쪽에 그려지게 된 것이다. 동시에 낙원에서 발원하는 네 개의 강 역시 단순한 비유가 아니라 실제 강의 모습으로 지도상에 그려진다. 그러면 중세 시대에 에덴동산은 어떻게 그려졌을까?

　모든 지도에 에덴동산의 모습이 상세하게 그려진 것은 아니지만, 크게 다음의 유형으로 구분할 수 있다.

　첫째, 사각형이나 원과 같은 기하 형태에 강의 흐름을 나타내거나 십자가 표시를 하거나, 아니면 낙원을 지칭하는 'paradisus'를 표기하는 경우이다. 〈베르첼리 지도Vercelli map〉(1217년경)에서는 사각형 안에 십자가 표시를 하여 낙원을 표현했다(그림 14). 내부에는 낙원이 화염검을 든 천사들에 의해 출입이 금지된 내용과 낙원에서 발원하는 네 강에 대한 설명이 기록되어 있다. 오른편에 있는 나무는 알렉산드로스가 인도에서 발견한 해와 달의 나무이다. 그리고 그 아래에는 사도 도마의 묘지가 위치한다. 낙원 아래쪽에는 메디아(메데), 그 아래에는 페르시아(바사)가 표기되어 있다. 이

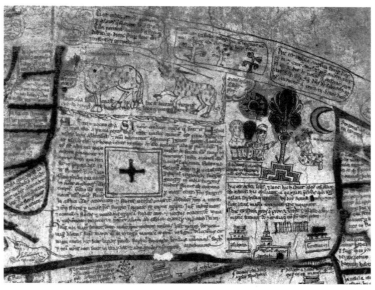

그림 14 〈베르첼리 지도〉의 에덴동산(1217년경)

에덴동산_중세 세계지도 속 지상낙원

들 국가는 「다니엘」 8장 20절에 기록된 내용으로, 천사가 다니엘이 환상 속에서 본 숫양의 두 뿔이 메디아와 페르시아라고 해석해 준 데서 왔다.[18]

흥미로운 것은 이 지도에 알렉산드로스의 비극적 종말을 예견하는 해와 달의 나무, 그리고 메디아와 페르시아가 낙원을 중심으로 그려져 있다는 것이다. 「다니엘」 8장에는 숫염소가 언급되는데, 숫염소는 페르시아를 상징하는 숫양을 짓밟고 있으며, 신학자들은 이 숫염소를 알렉산드로스로 해석한다.[19] 알레산드로스는 기원전 334년에 페르시아 공격을 시작했고, 전쟁 개시 3년 만에 메데-페르시아제국을 완전히 정복했다. 그러나 그는 겨우 12년간만 통치하고 323년 32세의 젊은 나이로 사망하고 말았다. 알렉산드로스가 아리스토텔레스에게 보낸 것으로 알려진 가상의 4세기 편지에 따르면, 알렉산드로스는 인도 원정을 하던 중 두 그루의 성스러운 나무가 있는 숲을 방문했다고 한다. 그 숲에서 그는 키가 10피트가 넘는 대제사장을 만났다. 대제사장은 한 나무는 수컷이고 인도어를 말할 수 있으며 해가 뜨면 사람의 미래를 예언하고, 다른 나무는 암컷이고 그리스어를 말할 수 있으며 달이 뜨면 사람의 미래를 예언한다고 설명했다. 알렉산드로스가 성스러운 나무의 발치에서 기도하자, 나무들은 그가 세계를 정복할 것이지만 고향으로 돌아가기 전에 바빌론에서 독살당해 죽을 것이라고 예언했다. 이 지도는 이 신탁을 언급한 것이다.

베아투스의 『계시록 주해』 일부 판본에 수록된 일부 지도에서는 낙원을 사각형으로 표현했다. 특히 1086년 판본에 수록된 지도는 낙원을 네모로 그린 다음 발원하는 강의 이미지를 'X'로 표현했다(그림 15).[20] 여기서의 'X'는 세계로 뻗어 나가는 복음의 의미로 해석이 가능하다. 왜냐하면 이 지도 전체가 복음 전파와 관련되어 있기 때문이다. 지도에서 12명의 초상을 확인할 수 있는데, 이들은 예수의 열두 제자 중 11명[21]과 사도 바울이다.

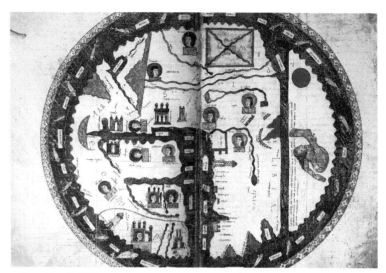

그림 15 〈오스마 베아투스 지도〉(1086년)

인도에는 도마, 아시리아에는 요한, 소아시아 내부의 리카오니아 지방에는 바돌로매, 그리스에는 안드레, 마케도니아에는 마태, 갈리아 지방에는 빌립, 이집트에는 열혈당원 시몬, 예루살렘에는 알패오의 아들 야고보(작은 야고보), 요르단에는 맛디아, 스페인에는 세베대의 아들 야고보(큰 야고보) 그리고 로마에는 베드로와 사도 바울이 그려져 있다. 단 열두 제자 중 한 명인 다대오는 지도에서 빠져 있다.

이 지도에서 재미있는 것은 오른편에 위치한 대척지에 뜨거운 태양이 그려져 있고, 뜨거운 태양을 피하기 위해 머리 위에 발이 위치한 괴물 인간이 그려져 있다는 것이다. 이 괴물 인간을 스키아포데스Sciapodes라 부르는데 그리스어로 '그림자로 사용되는 발'이란 의미이다.

낙원을 꽃무늬 모양으로 나타내는 경우도 있는데, 앞에서 언급한 〈바티칸 유사 이시도루스 지도〉가 그 예이다(그림 13 참조). 꽃무늬 모양은 「열

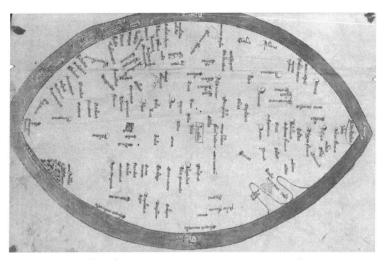

그림 16 〈라눌프 히거든 지도〉(1350년)

왕기상」6장에 언급된 성전 내부 장식인 핀 꽃 형상을 의미할 가능성도 있다. 이는 에덴동산이 단순한 땅이 아니라 신을 예배하는 성전의 모형이기 때문이다.[22]

한편 라눌프 히거든의 『종합연대기』에 수록된 또 다른 지도에서는 오각형 도형 안에 'paradisus'를 표기했다. 낙원 바로 아래에는 인도와 인더스 강Indus Fluuius이 표기되어 있다(그림 16). 이 지도가 다른 지도들과 달리 세계를 원형이 아니라, 타원형으로 그린 것은 위그의 영향을 받아 세계를 노아의 방주로 형상화했기 때문이다. 뒤에서 소개하는 그림 32의 〈저노즈 지도Genose map〉 역시 위그의 영향을 받아 타원형으로 지구를 그렸다.

둘째, 낙원에 아담과 이브 그리고 선악의 나무나 생명수를 표시하고 담장과 같은 울타리를 표시하는 경우로, 많은 지도에서 이 양식을 따르고 있다. 이 표현 방식에서는 에덴동산의 아담과 이브를 타락 당시의 시점에서

그림 17 〈베아투스 모건 지도〉(940~945년경, 모건 도서관&박물관)

그림 18 〈베아투스 맨체스터 지도〉(12세기 말, 맨체스터 대학교 도서관)

에덴동산_중세 세계지도 속 지상낙원

일어난 행위를 중심으로 묘사한다. 베아투스의 『계시록 주해』에 첨부된 지도(그림 17, 18), 〈시편 지도〉, 〈엡스토르프 마파문디〉, 〈이브섬 지도〉가 이에 해당한다.

베아투스의 『계시록 주해』 10세기 판본으로, 모건 도서관&박물관에 소장된 판본에 수록된 지도에는 낙원이라는 의미의 'PARADISUS'가 표기되어 있고 아담과 이브, 생명수와 선악과, 그리고 이들을 유혹하는 뱀의 형상을 한 사탄이 그려져 있다. 또한 맨체스터 판본에도 이와 유사한 형상으로 에덴동산이 표시되어 있다.

〈엡스토르프 지도〉에서는 높은 산맥 뒤에 생명나무와 선악의 나무 그리고 네 강의 모습이 담긴 낙원이 묘사되어 있다. 또한 〈이브섬 지도〉에서는 정교한 보좌를 배경으로 아담과 이브가 서 있는 모습을 보여주고 있는데, 배경의 보좌는 이브섬 대수도원의 것으로 보좌가 중세 미술에서 최후의 심판을 의미하는 의미로 사용된다는 것을 고려할 때 신의 섭리와 인간 세상의 덧없음을 나타낸다(그림 19).[23]

셋째, 성으로 나타내는 경우이다. 잘츠부르크의 수도사였던 발스페르거Andreas Walsperger가 1448년에 제작한 지도가 그 예로, 이 지도는 이슬람 지도의 영향을 받아 남과 북이 위아래로 배치되어 있다(그림 20). 동쪽에 그려진 성의 모습을 보면 지상낙원에 미래의 낙원인 새 예루살렘 성의 이미지를 부여하고 있는데, 이는 과거의 낙원과 미래의 낙원을 중첩하여 표현한 것이다. 〈헤리퍼드 마파문디〉(그림 12 참조)에서는 원형의 성과 성문으로 낙원을 표시하였다. 이 지도에는 아담과 이브가 두 번 그려져 있는데, 하나는 낙원에서의 모습, 다른 하나는 낙원에서 추방되는 모습이다. 낙원의 성문이 닫혀 있는 모습으로 그려지고 있지만, 닫힌 문은 언젠가는 열린다는 것을 전제할 때 이것은 낙원과 인간 간의 일시적인 분리를 의미한

그림 19 〈이브셤 지도〉의 낙원 부분(1415년, 영국 암스칼리지)

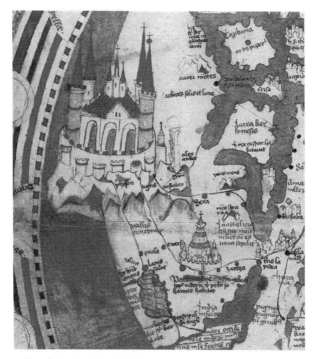

그림 20 〈발스페르거 지도〉의 낙원 부분(1448년, 바티칸도서관)

에덴동산_중세 세계지도 속 지상낙원

그림 21 〈레아르도 지도〉의 낙원 부분(1452년, 미국의회도서관)

다.[24] 에덴동산의 한가운데에 있는 샘은 세계의 중심점인 예루살렘과 은혜의 원천인 성모 마리아의 자궁을 상징하며,[25] 비손, 기혼, 티그리스, 유프라테스의 네 강이 낙원 안에 그려져 있다. 15세기에 이탈리아의 레아르도 Giovanni Leardo가 제작한 지도 역시 성벽만 보여준다(그림 21). 레아르도 지도에는 낙원의 성이 동쪽에 위치하는데, A 글자[26] 오른쪽에 이곳에서 사도 도마가 설교하였다는 문구인 "qui predico/san Tom/axo"가 표시되어 있다.[27] 도마는 인도에 복음을 전했다고 당시 유럽 사회에 알려져 있었다.[28]

넷째, 낙원 안에 에녹과 엘리야를 묘사하는 경우이다. 에녹과 엘리야는 이 땅에서 죽음을 경험하지 않고 하늘로 승천한 사람들이다. 그리고 이들은 유대 묵시문헌에서 적그리스도를 대항하여 싸우다 패배하지만 부활하는 것으로 그려진다.[29] 그림 8의 『꽃의 책』에 수록된 지도에는 낙원

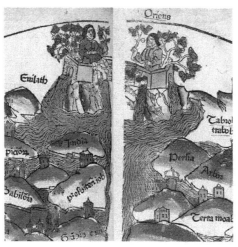

그림 22 〈브란디스 지도〉의 낙원 부분(1475년)

에 에녹과 엘리야의 인명이 표시되어 있다. 그리고 기독교 역사관에 근거한 세계 역사 서적으로 독일의 지도학자며 인쇄업자인 브란디스Lucas Brandis de Schass가 제작한 『초심자를 위한 역사서Rudimentum novitiorum sive chronicarum historiarum epitome』(1475)에 수록된 지도에는 에녹과 엘리야의 초상이 그려져 있다(그림 22).[30]

이상과 같은 표현 방식의 차이에도 불구하고 낙원이 지상 세계와 분리된다는 것을 모든 지도에서 확실하게 표시하고 있음을 알 수 있다. 영원한 신의 영역에 속하는 낙원을 한정되고 제한된 인간세계를 나타내는 지도에 표현하는 것은 이 땅에 속하지 않는 장소를 이 땅에 속한 장소로 그리는 것으로, 결국 이 땅에 살고 있으나 하늘나라 백성이라는 기독교인의 신분 표현, 즉 정체성 표현과 연관되어 있다.

그런데 이러한 낙원의 표현은 '잠근 동산' 개념과 연결된다. 잠근 동산의 의미를 갖는 라틴어 용어 '호르투스 콘클루수스hortus conclusus'는 「아가」

4장 12절 "내 누이, 내 신부는 잠근 동산이요, 봉한 샘이로다"에서 파생되었다. 이후의 「아가」 구절들은 이 동산에서 석류나무와 각종 아름다운 과수 등이 풍성하게 자라고 있으며, 동산에 있는 샘에서 생수가 솟는다고 언급되어 있다. 즉 이 잠근 동산의 이미지는 지상낙원의 이미지와 부합한다. 그런데 중세 지도에 표시된 에덴동산도 선악을 알게 하는 나무와 생명나무가 있는 풍요로운 정원으로 묘사된다.

이 '잠근 동산'은 '닫힌 정원'으로도 번역되는데 주로 성모 마리아의 순수성과 동정을 상징한다. 이 개념은 중세 미술과 문학에서 종종 아름답고 조용한 정원으로 묘사된다. 닫힌 정원은 외부로부터 보호된 공간으로, 다양한 꽃과 식물이 심어져 있으며, 성모 마리아의 거룩함과 순수함을 상징한다. 두 개념은 모두 신과의 가까운 관계와 순수성을 상징한다. 즉 에덴동산은 인간의 타락 이전의 상태를 나타내고, 닫힌 정원은 성모 마리아의 순수함을 상징한다.[31]

실제로 〈헤리퍼드 마파문디〉의 중앙에 위치한 샘을 성모 마리아의 자궁을 상징한다고 보는 학자도 존재한다.[32] 그리고 잠근 동산으로 표현된 '신부'를 신비로운 결혼을 통해 예수 그리스도와 결합하는 교회이자 그 교회의 구현체인 성모 마리아와 동일시하는 견해도 존재한다.[33] 따라서 이러한 잠근 동산 형태의 낙원 표현은 중세의 상징주의와 연관시키는 것도 가능하다.

에덴동산에서 발원하는 강

지상낙원에서 발원하는 강에 대한 의문은 중세 지리학의 가장 중요한 주제였다. 이 의문은 에덴동산의 위치와 에덴동산에서 발원하는 강이 실제로 지구상의 어느 강에 해당하며, 그 유로가 어떻게 되는지에 관한 것이다.

「창세기」 2장 10절부터 14절에서 강이 에덴에서 흘러나와 동산을 적시고 거기서부터 갈라져 비손, 기혼, 티그리스(힛데겔),[34] 유프라테스강으로 나뉘는 것으로 기록되어 있다. 그런데 비손과 기혼이 어느 강이냐는 문제가 대두되었다.

1세기 유대인 역사가 요세푸스Flavius Josephus는 낙원에서 발원한 강이 네 개의 강으로 나뉘어 흐르는데, 비손은 인도를 지나서 바다로 흘러가며, 그리스인들이 이 강을 갠지스라고 부른다고 했다.[35] 또한 유프라테스와 티그리스는 홍해로 흘러가고, 기혼은 이집트를 지나는데 그리스인들은 나일강으로 부른다고 했다.

이후 아우구스티누스를 비롯한 학자들은 이 의견을 채택했다.[36] 하지만 비손을 인더스강으로 보는 의견도 존재했고, 교부 에프라임Ephrem the Syrian(306~373)은 비손을 다뉴브강이라 생각했다.[37]

4개의 강 중 지상낙원의 위치와 관련해서 가장 많이 영향을 미친 것은 나일강에 해당하는 기혼이다. 기혼은 에덴동산에서 지하를 통해 흘러 다시 아프리카에서 분출하는데, 그 대상지는 두 곳이었다.

하나는 나일강 상류지역인 에티오피아이다. 아리스토텔레스와 알렉산드로스의 동방 원정에 동행한 역사학자 칼리스테느Callisthenes of Olynthu가 이 이론을 주장했다.[38]

한편 기혼이 서아프리카 지역에서 분출하여 동쪽으로 흐르는데, 사막 지역에서는 땅 밑을 통과하고 다시 육상으로 분출한 다음 이집트로 흘러들어간다는 주장도 존재했다. 이 이론은 기원전 6세기에 서아프리카 지역을 탐사했다고 알려진 유티메네스Euthymenes of Marseilles의 주장으로, 이는 그가 서아프리카에 흐르는 니제르강을 나일강으로 오인했기 때문이다.[39]

결과적으로 두 이론은 중세와 르네상스 시기에 병립했다. 그래서 4세기 역사학자인 파울로스 오로시우스Paulus Orosius는 『이교도에 반대하는 역사The Seven Books of History against the Pagans』에서 "나일강은 홍해 근처에 위치한 모실론 엠포리움Mossylon Emporium[40]이라 불리는 곳에서 발원한다. 하지만 어떤 저자들은 아틀라스산에서 그리 멀지 않은 곳에서 솟아올라 사막구간을 복류하여 광활한 호수로 흘러나와 동쪽으로 흐른 다음, 이집트로 흘러간다고 주장한다"고 기술했다.[41]

그러나 7세기 이시도루스가 『어원론』에서 나일강이 모리타니아에 위치한 닐리데스 호수Nilides lake에서 발원한다고 기록한 것으로 미루어 보면,[42] 서아프리카에서 발원한다는 이론이 우세했다고 볼 수 있다. 결과적으로 이렇게 로마 학자들이 나일강이 서부 아프리카에서 발원한다고 보았던 것은 니제르강이 나일강의 상류를 형성한다고 믿었기 때문이다.[43]

그런데 흥미로운 것은 일부 지도에는 「창세기」에 언급되지 않은 황금의 강이 그려져 있다는 것이다. 대표적인 지도가 한때 이시도루스의 『어원론』에 포함되어 있었다고 잘못 알려진 〈바티칸 유사 이시도루스 바티칸 지도〉이다(그림 13 참조). 이 지도에는 낙원에서 발원하는 강이 5개로 그려져 있고, 낙원에서 가장 가까운 강이 크리소로아스Chrysorrhoas[44]로 표기되어 있는데, 이는 '황금의 강'이라는 의미이다.[45] '황금의 강'을 그린 이유는 비손이 흐르는 지역인 하윌라가 금과 보석이 풍부한 지역으로 「창세기」 2장에 명기되어 있기 때문이기도 하지만, 오로시우스가 황금강이라고 지칭하는 보석의 강이 동쪽에 있다고 언급하였기 때문이기도 하다.

또 낙원을 직접 지도상에 표기하지 않는 경우, 강은 낙원의 존재를 암시하는 용도로 사용되기도 하였다. 〈코튼 지도Cotton map〉(1025~1050)가 대표적으로, 이 지도는 낙원은 그리지 않았지만 낙원에서 발원한 네 강을 표기하고 있다. 특히 비손을 낙원의 강flumen paradisi으로 표기하여 낙원의 존재를 암시하고 있다.

이 강들은 비유적 의미도 가진다. 「창세기」를 비유적으로 해석한 필로는 에덴에서 발원하는 강이 기쁨의 의미를 가진다고 기록했다. 왜냐하면 에덴이라는 지명 자체가 '기쁨', '즐거움', '희락'의 의미를 가지기 때문이다. 이 강은 네 개로 분화되는데, 비손은 신중함, 기혼은 절제, 티그리스는 용기, 유프라테스는 정의의 의미로 비유했다. 아우구스티누스는 필로의 이 비유적 해석을 그의 저서 『창세에 관하여: 마니교를 논박함』에서 채택하였다. 그는 금과 보석이 많은 지역을 흐르는 비손을 금과 보석의 '정련'과 '연마'와 관련하여 '조심스럽다'는 의미에서 '신중함'으로 해석하였다. 더운 에티오피아를 흐르는 기혼은 '용기', 아시리아로 향해 흐르는 티그리스는 욕망을 제어하는 '절제', 그리고 유프라테스는 이상의 세 가지 미덕을 모두 갖추고 조화롭게 된 상태를 나타내는 '정의'라 해석하였다.[46]

지도 속 강의 유로流路는 실제와 다른데, 중세 저자들은 성경 본문을 당시의 지리적 지식과 조화시켜 이해하려고 노력했기 때문이다. 즉 이 강들의 유로는 결국 당시에 알려진 지리적 지식 혹은 상상에 의해 달라졌음을 알 수 있다. 강은 단순히 물리적인 물길로 묘사될 뿐만 아니라 중요한 상징적 의미를 담고 있다. 강은 신성한 원천인 에덴동산에서 세상으로 흘러가는 신의 은총을 상징하는 것이다.

곡과 마곡 근처에 위치한 에덴동산

곡과 마곡의 개념은 「창세기」, 「역대상」, 「에스겔」, 그리고 「요한계시록」 등에 언급되는데, 하나의 명확한 대상이 아닌 다른 의미를 가진 몇 가지 대상으로 해석된다. 심지어 아우구스티누스는 곡과 마곡이 지구 북반부 어딘가에 있는 야만인들이 아니라 악마의 조종을 받고 있는 교인들을 가리킨다고 보았다.[47]

그렇지만 일반인들은 「에스겔」과 「요한계시록」에 언급된 종말론적 관점에서 기독교 세계를 위협하는 대적자 또는 이들이 사는 지역을 곡과 마곡으로 간주했다. 「에스겔」 38장과 39장에서는 곡 왕의 무리가 이스라엘을 공격하나 오히려 패망하고, 이스라엘이 회복되어 신의 거룩함을 드러낸다고 기록한다. 또한 「요한계시록」 20장 7~10절에서는 에스겔에 언급된 곡과 마곡의 의미를 그대로 사용하여 말세에 사탄이 곡과 마곡을 미혹하여 기독교 신자들을 공격하나 하늘에서 불이 내려와 곡과 마곡이 멸망하게 되는 사실을 명시하고 있다. 그렇지만 문제는 곡과 마곡이 구체적으로 누구를, 어느 민족을 그리고 어느 지역을 지칭하느냐이다.

1세기의 유대인 역사학자 요세푸스가 마곡을 "그리스인이 스키타이인이라고 부르는 민족"이라고 기술한 이래, 곡과 마곡의 명칭은 북동 방향의 스키타이인, 훈족Huns, 고트족Goths, 몽골인, 튀르키예인 등을 지칭하는 데 사용되었는데,[48] 이들은 사탄 또는 적그리스도의 동역자로 간주되었다. 그리고 이스라엘의 사라진 열 지파 유대인들을 곡과 마곡으로 간주하는 견해도 존재하는데, 이 주장이 이후의 지도에 영향을 미쳤다.

원래 이스라엘은 열두 지파로 구성되었는데, 기원전 931년경 솔로몬의 아들 르호보암 시절 발생하였던 내란 후 유다와 베냐민 지파는 남쪽에 유다윗국을 세웠고, 나머지 열 지파는 북이스라엘 왕국을 건국했다(「열왕기상」 13장). 그런데 기원전 722년경 아시리아가 북이스라엘 왕국을 정복하고 생존자들을 아시리아로 데려간 이후(「열왕기하」 17장), 열 지파는 점차 다른 민족에게 동화되어 역사에서 사라졌다. 그러나 사람들은 이 사라진 열 지파가 언젠가 다시 나타난다고 믿었으며, 이들이 다시 나타날 때 어떤 역할을 할 것인지에 대해 많은 이야기가 회자되었다. 이스라엘의 사라진 열 지파가 곡과 마곡의 역할을 한다는 것 역시 이 당시 회자된 이야기의 하나이다. 곡과 마곡을 잃어버린 열 지파와 동일시하는 전승은 이미 4세기에 나타났다.

곡과 마곡의 위치는 알렉산드로스의 전설에도 영향을 받았다. 이 이야기는 7세기 이후에 유럽에 널리 퍼졌는데, 그 내용은 다음과 같다.

> 알렉산드로스는 동방 정벌 당시 카스피해 근처에서 인간의 시체와 썩은 고기를 먹는 야만적이고 사나운 민족을 만났다. 알렉산드로스는 이 야만인들을 북쪽으로 쫓아내었고 흑해와 카스피해 사이에 위치하는 캅카스산맥의 폐쇄된 지역에 이 민족을 가두고 성문을 세워 빠져 나오지 못하게 막았다. 이 민족을 가두는 것은 매우 힘든 일이었으나, 알렉산드로스가 신에게 간청하여 이루어지게 되었다. 그러나 적그리스도가 나타나는 이 세상의 종말에는 이 민족들이 성문을 부수고 남하한다.[49]

또한 알렉산드로스가 에덴동산의 문 앞까지 행군했다는 이야기도 존재한다. 사막을 지나 작은 강가에 도달했을 때, 탐욕과 폭력이 넘치는 세상에서 벗어나 이곳에서 평화롭게 살고 싶었다. 그렇지만 다른 강변에 도착했을 때, 매우 큰 물고기가 있는 것을 보고 이 강이 매우 부유한 지역에서 흘러나온다는 것을 알았고, 강가를 따라 계속 행군하여 낙원의 문에 도착했다. 그리고 자신이 세상의 가장 위대한 정복자라는 것을 선포하고 낙원으로 들어가는 것을 허락받으려고 했다. 그러나 그는 살아 있는 인간이기에 낙원에 들어갈 수 없었다.[50]

이 이야기는 12세기에 프랑스의 신학자 코메스토르Petrus Comestor가 열 지파를 알렉산드로스가 철문 뒤에 가둔 곡과 마곡으로 동일시함으로 인해 폭 넓은 대중적인 지지를 얻게 되었다.[51] 그리고 중세 지리학자 베이컨 Roger Bacon(1214~1294) 역시 그의 저서 『대저작Opus Maius』에서 이스라엘의 열 지파와 관련하여 언급한 바 있다.[52]

이 이야기들을 인용하여 지상낙원과 곡과 마곡을 가까운 장소에 위치시킨 지도도 존재한다. 비앙코Andrea Bianco의 1436년 지도는 유대인과 알렉산드로스 전설을 지도상에 표현한다(그림 23). 그의 지도에서는 "알렉산드로스가 오래전에 산속에 가둔 유대인의 족속인 곡과 마곡"[53]이라 표기하

그림 23 〈비앙코 지도〉에 나타난 곡과 마곡(왼쪽) 그리고 에덴동산(오른쪽)(1436년. 베네치아 마르시아나 도서관)

면서, 성을 지키는 알렉산드로스의 모습을 그려 곡과 마곡을 시각화하였다. 그렇지만 에덴동산에는 알렉산드로스의 모습을 그리지 않았고, 해와 달의 나무는 낙원 바로 인근에 그려졌는데, 〈시편 지도〉에서는 낙원 남쪽에 표시되어 있다.

중세에 알렉산드로스는 두 가지 의미로 해석되었다. 하나는 허무한 정복자의 이미지이다. 따라서 〈헤리퍼드 마파문디 지도〉에는 알렉산드로스의 무덤을 허무의 의미로 표현했다. 아버지 필립왕의 갑작스런 죽음으로 20세에 마케도니아의 왕좌에 오른 그는 33살에 요절할 때까지의 삶을 전쟁터에서 지냈다. 그는 인도에서 해의 나무와 달의 나무를 발견하고 사제에게 자신의 운명을 물었다. 사제는 알렉산드로스가 인도를 정복하지만 바빌론으로 돌아가기 전에 독살당할 것이라고 말했다. 하지만 그는 마치 정복 전쟁이 인생의 목표인 것처럼, "더 이상의 전쟁은 의미가 없다"는 부하들의 불만을 애써 무시하며 풍토병과 인도의 코끼리 부대와 싸워 이겼다. 그러나 결국 바빌론에서 사망했고 그의 제국은 급작스럽게 붕괴되었다.

알렉산드로스가 가진 또 하나의 이미지는 그리스도의 형상이다. 세계 곳곳을 정복하는 그는 세상 끝까지 복음을 전파하는 사명을 부여받은 사도로 여겨졌다.[54] 알렉산드로스는 곡과 마곡이 이 세상을 침략하는 것을 막는 일종의 구세주의 모습으로 중세 기독교인들에게 각인되었으며, 유대인들 역시 알렉산드로스에 대해서 매우 좋은 이미지를 가지고 있던 것이다. 요세푸스의 『유대인의 역사』 11장에는 알렉산드로스가 기원전 332년 예루살렘에 입성한 장면이 기록되어 있다. 당시 알렉산드로스는 정복자이지만 유대인 제사장에게 정중하게 예의를 갖추었고, 왜 황제가 일개 제사장에게 그토록 예를 갖추느냐는 신하들의 질문에 제사장이 아니라 제사장이 섬기는 신에 대한 예의라고 말했다. 이후 유대인들은 알렉산드로스를 유대인의 보호자로 간주하게 되었다. 그러나 이 이미지는 역설적이게도 유대인의 적인 곡과 마곡을 유대인과 동일시하고 알렉산드로스는 유대인을 막아내는 역할을 하는 것으로도 보이게 한다. 따라서 이 이미지는 유대교와 기독교의 적대적인 관계를 상징하는 의미로도 해석이 가능하다.

〈한스 뤼스트 지도Hans Rüst map〉(1475)와 〈한스 스포레 지도Hans Sporer map〉(1500) 역시 에덴동산 근처에 곡과 마곡을 그렸다. 곡과 마곡에는 '곡과 마곡이 갇힌 캅카스 산맥'55이라는 문구가 표기되어 있다. 그런데 〈한스 뤼스트 지도〉를 보면 유대인이라는 문구는 없어도, 곡과 마곡의 거주자가 유대인이라는 것을 확인할 수 있다. 중세 시대 유대인은 짧은 바지나 긴 상의, 매부리코, 굽은 지팡이를 들고 있는 모습 등 보통 사람과는 다른 외모나 옷차림을 하고 있는 것으로 묘사되었는데, 이 지도들은 뾰족한 형태의 모자를 쓴 유대인과 그들이 거주하는 마을을 그려 곡과 마곡을 표현하고 있다(그림 24).

그림 24 〈한스 뤼스트 지도〉의 에덴동산과 곡과 마곡(1475년, 모건 도서관&박물관)

이 사라진 열 지파의 전승은 중세의 반유대주의와 결합한다. 중세 유럽에서 반유대주의는 광범위하게 퍼져 있었다. 유대인은 신을 거역하는 이단 세력으로 간주되었으며, 중세 예술가들은 유대인을 완고하고 거만하게 그리스도를 부인하는 존재로 표현하였다. 유대인은 은밀하고 사악한 의식을 통해 악마와 교통한다는 소문이 있었으며,[56] 루터는 묵시론적 예언의 틀에서 유대인을 악령에 사로잡힌 강력한 군대로 이해했다.[57] 또한 유대인은 적그리스도나 그를 지지하는 무리와 동일시되었는데, 이러한 믿음은 중세 후반의 반유대주의 열기를 더욱 고조시켰다.[58]

열 지파를 곡과 마곡과 동일시하게 되는 믿음은 당시 유럽에 회자되던 "유대인이 제사를 위해 사람을 죽인다"는 소문과 결합하게 된다.[59] 그리고 곡과 마곡, 알렉산드로스 전설, 제사를 위한 살인, 열 지파 이야기는 독일, 폴란드 등의 중부 유럽에서는 잃어버린 열 지파가 '붉은 유대인Red Jews'[60] 이야기로 부풀려진다. '붉은 유대인'이란 붉은 머리색을 가진 유대인을 지칭하며, 12세기에서 16세기까지 독일어권의 문학 작품에서 광범위하게 유대인을 조롱하는 의미로 사용되었다.[61]

사라진 열 지파 유대인이 거주하는 곡과 마곡은 왜 지도상에서 에덴동산 근처에 위치하게 되었을까? 요세푸스는 열 지파가 유프라테스강 동쪽에 거주한다고 기술했다.[62] 따라서 이 경우 열 지파가 거주하는 장소인 곡과 마곡이 북쪽이 아닌 동쪽에 위치한다는 논리 전개가 가능하다. 그런데 동시대의 이드리시Al-Idrish 등의 이슬람 지도 제작자들은 곡과 마곡을 카스피해보다 훨씬 동쪽에 위치시켰다. 따라서 이 지도를 참조한 유럽의 지도 제작자들 역시 곡과 마곡을 동쪽으로 이동시켰고, 때문에 곡과 마곡이 자연스럽게 지상낙원과 인접하게 지도상에 그려지게 된 것이다.[63]

콜럼버스의 에덴동산

콜럼버스는 3차 항해(1498~1500)에서 트리니나드와 오리노코 하구를 발견하였다. 그는 오리노코강 어귀에서 엄청나게 많은 민물이 흘러나와 바닷물에 섞이는 것을 보고 이 물이 에덴동산에서 흘러나온다고 생각했다. 이는 7~8월 우기 때 오리노코 강물이 크게 불어난다는 사실을 콜럼버스가 몰랐기 때문이다. 그는 이곳이 지상낙원이라고 확신했고, 1498년 8월 17일 항해일지에 자신이 지상낙원에 도착했으며, 이는 모든 사람이 말하는 동쪽의 끝이라고 기록했다.[64] 그리고 이를 스페인 국왕에게 보고했다. 그러나 그는 히스파니올라에서의 내부 반란에 대한 행정적 무능이 문제되어 1500년 본국으로 소환되었다. 콜럼버스는 이번에는 이 땅이 「요한계시록」 21장 1절에 언급되는 새 하늘과 새 땅이며, 금 산지를 발견했다고 주장했다. 또한 그는 지구는 여성의 가슴과 같아서 젖꼭지 부분이 튀어나와 있는데, 바로 이 부분이 지구상에서 가장 높고 하늘에 가장 가까운 적도 이남이며, 대양의 동쪽 끝인 유라시아 대륙과 부속 섬들이 끝나는 지점이라면서 이 젖꼭지 부분에 낙원이 위치한다고 주장했다.[65]

이러한 그의 주장과 대략적으로 부합하는 위치에 에덴동산이 그려진 지도가 있다. 바로 프랑스 국립도서관이 소장한 항해도로, 크리스토퍼 콜럼버스 또는 그의 동생인 바솔로뮤 콜럼버스Bartholomew Columbus가 제작했을 것으로 추정되었던 지도이다(그림 25). 이 지도는 일본이 표시되지 않은 사실 등을 근거로 콜럼버스 형제가 제작한 것으로 보기는 무리라고 결론이 내려졌지만 여전히 〈콜럼버스 지도Columbus Map〉란 이름으로 불리고 있다.[66]

이 지도에는 세계가 부분적으로 표시되어 있다. 지도의 오른편에 있

그림 25 〈콜럼버스 지도〉(1492~1500년, 프랑스 국립도서관)

는 극동 지역의 섬에 에덴동산이 그려져 있으며 지상낙원이라는 의미의 'Paradisi terrestri'로 표기되어 있다. 낙원 주변은 다이아몬드산맥이 둘러싸고 있는데, 「에스겔」 28장 13절에서 "두로 왕이 에덴에 살면서 금강석을 비롯한 갖가지 보석으로 장식했다"는 구절과 연관지어 생각할 수 있다.

또한 콜럼버스가 항해를 준비하기 위해 참조한, 피에르 다이Pierre d'Ailly 가 1419년경에 집필하고 1483년에 출간한 『세계의 이미지Ymago Mundi』에도 낙원은 산으로 묘사되었다.[67] 콜럼버스가 생각하는 세계는 피에르 다이, 마르코 폴로, 혹은 덧붙여서 맨드빌과 같은 중세적인 틀 속의 세계였다. 그는 분명 중세적 상상 속의 아시아를 항해하였으며 무엇보다도 마르코 폴로가 서술한 지팡구Cipangu를 일차적인 목표로 삼고 있었다. 그런데 이 지도에서 보면 지상낙원 남쪽에 위치한 반도에 파탈리스 지방Patalis Regio이 표시된 것을 알 수 있다.[68] 파탈리스는 인더스강 하류에 위치한 알

렉산드로스가 정복한 지역으로 플리니우스Pliny the Elder와 스트라보Strabo
의 책에 언급되어 있는데, 현재의 위치는 파키스탄의 타타Thatta에 해당한
다. 따라서 당연히 인도 주변에 이 지역을 위치시켜야 한다. 그러나 중세
에는 지도상에 이 지명이 표기되지 않았으며, 15세기 말과 16세기 지도에
인도의 남쪽 또는 동쪽에 표기되었다. 이렇게 남회귀선 근처에 파탈리스
를 그린 이유는 중세 신학자이자 근대과학의 선구자로 평가받는 과학자
베이컨Roger Bacon이 1278년 집필한 『대저작Opus Majus』에서 인도의 경계를

그림 26 살르의 세계지도(1527년, 프랑스 국립도서관)

이야기하면서 파탈리스가 남회귀선 근처에 위치한다고 언급했기 때문이다. 또한 다이의 『세계의 이미지』에서도 남회귀선 근처에 이 도시가 위치하는 것으로 기술되어 있다.[69]

그런데 이 지도와 매우 유사한 위치에 지상낙원이 그려진 또 다른 지도가 있다. 프랑스의 풍자 작가 앙투안 드 라 살르Antoine de la Sale(1386~1462)가 귀족들의 교육 교재로 제작한 『살라드La Salade』에 첨부된 세계지도이다 (그림 26). 이 지도는 아시아 동쪽 끝에 '지상낙원의 장소locus paradisi terrestris'를 표기했으며, 그 아래편에 파탈리스 지역이 표시되어 있다. 책 내용에도 지상낙원이 산지에 위치하며 주변에는 용과 뱀과 괴수들이 우글거린다고 기록했다. 그리고 낙원은 매우 높은 곳에, 지옥은 가장 낮은 곳에 위치하고 있으며, 지상낙원 남쪽에 파탈리스 지역이 표기되어 있다.

에덴동산_중세 세계지도 속 지상낙원

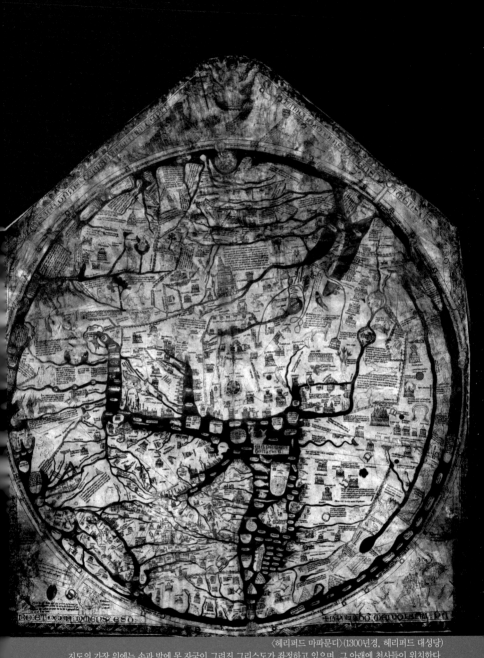

〈헤리퍼드 마파문디〉(1300년경, 헤리퍼드 대성당)
지도의 가장 위에는 손과 발에 못 자국이 그려진 그리스도가 좌정하고 있으며, 그 아래에 천사들이 위치한다.
그리스도의 오른쪽에는 천사가 말하는 장면과 함께 "일어나라! 영원히 기쁨의 찬양을 할 것이다"라는 문구가 쓰여 있다.

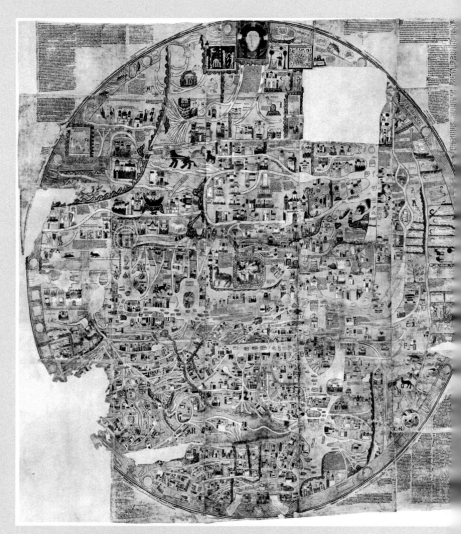

세계를 그리스도의 몸으로 표현한 〈엡스토르프 마파문디〉(1234년, 독일 란트샤프트 박물관)
그리스도의 머리가 동쪽에, 발이 서쪽의 헤라클레스의 기둥 아래에 있는 것을 확인할 수 있다.

아시리아 페르시아

바빌론 바벨탑

노아의 방주

예루살렘

로마

파리

〈라눌프 히거든 지도〉(1342년, 영국도서관)

〈발스페르거 지도〉(1448년, 바티칸도서관)
지도 동쪽의 성은 지상낙원에 미래의 낙원인 새 예루살렘 성의 이미지를 부여한 것으로,
이는 과거의 낙원과 미래의 낙원을 중첩하여 표현한 것으로 볼 수 있다.

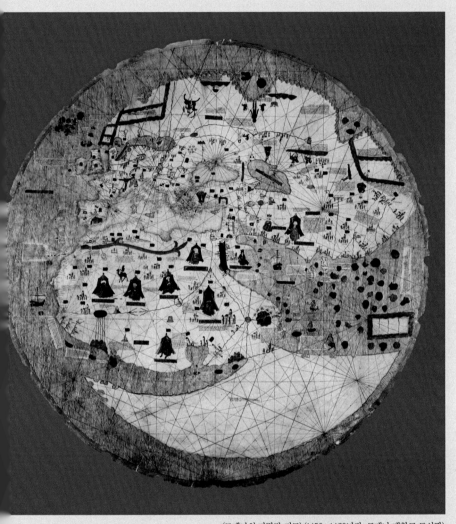

〈모데나의 카탈란 지도〉(1450~1460년경, 모데나 대학교 도서관)

〈비앙코 지도〉(1436년,
베네치아 마르시아나 도서관)

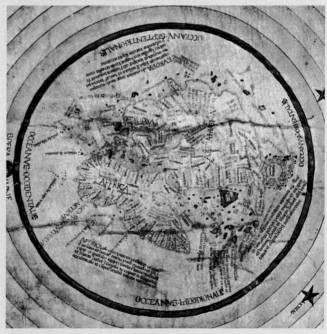

〈콜럼버스 지도〉(1492~1500년, 프랑스 국립도서관)
지도의 오른편에 있는 극동 지역의 섬에 에덴동산이 그려져 있으며 지상낙원이라는 의미의
'Paradisi terrestri'로 표기되어 있다.

낙원을 지도 외곽의 장식 부분에 그림으로 표시한 〈프라 마우로 지도〉(1450년)

〈레아르도 지도〉의 낙원 부분(1452년, 미국의회도서관)
낙원의 성이 동쪽에 위치하는데, A 글자 오른쪽에 이곳에서 사도 도마가 설교하였다는
문구인 "qui predico/san Tom/axo"가 표시되어 있다.

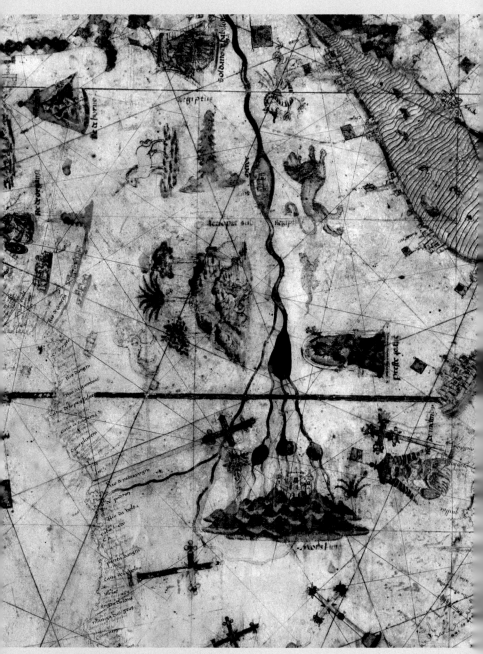

〈마지올로 지도〉의 달의 산과 지상낙원 부분(1512년)

제 4 장

르네상스 시대의 지상낙원

제 4 장

르네상스 시대의 지상낙원

르네상스 시기는 명확하게 정의하기가 어렵다. 그렇지만 지리학계에서는 고전의 재발견이라는 측면에서 기원후 150년경에 알렉산드리아 사서였던 프톨레마이오스Claudius Ptolemy가 집필한 『지리학』이 중세에 사라졌다가 다시 서유럽으로 돌아와 인쇄술의 발달과 함께 보급된 시기를 대체로 르네상스의 시작으로 간주한다. 『지리학』에는 프톨레마이오스가 수집한 세계 각 지역의 경위도 좌표 8,000여 개가 수록되어 있다. 그리고 3차원의 지구를 2차원의 지도로 만들기 위한 수학적 투영법이 소개되어 있다. 그런데 중세 유럽에서 사라진 이 책이 1400년경 서유럽으로 다시 돌아온 이후 인쇄술의 발달로 인해 대량 인쇄되었고 대중이 접하게 되었다. 그런데 이 책에 원래 수록된 지도는 분실되었으므로, 지도 제작자들은 책에 수록된 경위도 좌표에 의거해서 지도를 재구성하여 제작한 다음 출간했다. 이렇게 해서 2세기의 세계지도가 15세기의 세계지도를 대체하는 기이한 현상이 발생하기 시작했다.

에덴동산_중세 세계지도 속 지상낙원

지도에서 사라지기 시작한 지상낙원

14세기부터 에덴동산은 점차 세계지도에서 사라지기 시작했다. 지도에 낙원을 그리지 않는 것이 낙원이 존재하지 않는다는 의미는 아니지만, 낙원을 직접 표기하는 대신 낙원에서 발원하는 강만 그리거나, 아니면 낙원 주위의 지명, 예를 들어 하윌라를 표기하여 낙원의 존재를 간접적으로 암시하는 경우가 많아졌다.

낙원을 묘사한 중세지도와 르네상스 지도의 전환을 나타내는 이정표적인 지도는 〈프라 마우로 지도Fra Mauro map〉이다(그림 27). 베네치아의 지도 제작자 프라 마우로가 1450년 제작한 이 지도는 남쪽을 위로 놓았는데, 지도 안에 직접 낙원을 표시하지는 않았다. 이는 지도가 종교와 분리되고 과학적인 모습을 가지게 되는 시점에 만들어진 것으로, 낙원이 지도 안에 포함되지 않고 외곽에 들어간 것은 중세의 지도 전통을 깨뜨린 것이다. 지도 제작 스타일 역시 이전까지 유행하던 것이 아니며, 글을 라틴어

그림 27 〈프라 마우로 지도〉의 낙원 부분(1450년)

대신 베니스 방언으로 표기하였다는 데서 이는 지도 제작의 중요한 전기가 되는 것으로 보인다. 프라 마우로는 낙원을 지도 외곽의 장식 부분에 그림으로 표시하고 있으며, 지도의 주기註記에서 낙원에 대해 설명하고 있다. 낙원에 대한 그림은 「창세기」에 언급된 그대로 묘사되고 있는데, 그는 스스로 아우구스티누스와 이시도루스의 전통을 따라 그의 지도를 제작했다고 언급하여 그의 지도가 중세 전통에서 벗어나지 않고 있음을 명확히 하고 있다. 그러나 그는 신학적으로 중요한 의미를 가진 장소와 더불어 마르코 폴로Marco Polo(1254~1324)와 포르투갈 탐험가들로부터 알게 된 새로운 정보를 동시에 수록하였으며, 예루살렘을 지도의 중심이 아닌 서쪽에 위치시키고 있다. 또한 그는 프톨레마이오스의 경위도를 사용하고 싶었으나 표기할 공간이 부족해서 사용하지 못하였다고 언급하고 있다. 따라서 이 지도는 중세에서 근대로 향하는 전환점이 된다고 할 수 있다. 그러면 이렇게 지도상에서 낙원이 사라지게 된 원인은 무엇일까?

첫 번째 요인은 포르톨라노 해도의 기법 도입에 따른 지도 제작에 대한 생각의 변화이다. 중세 후반으로 넘어오면서 동일한 지도 제작자가 세계지도와 포르톨라노 해도를 제작하는 경우가 많아졌고, 실용적인 지도인 포르톨라노 해도를 제작하면서 자연스럽게 세계지도 제작에서도 실용적인 생각을 도입하게 되어 이는 낙원의 삭제로 이어졌다. 실제로 세계지도를 제작할 때 항정선航程線을 먼저 그린 다음 세계의 윤곽을 그리는 경우가 많았는데 이 과정에서 낙원 표기가 사라지게 된 것이다. 대표적인 인물로 베스콘티Pietro Vesconti를 들 수 있다. 베니스의 지도 제작자 베스콘티는 1310년에서 1330년 사이 많은 해도와 아틀라스를 제작했는데 1321년에 제작한 세계지도에서는 항정선을 표시하였으나 낙원은 표시하지 않았다.

베스콘티의 세계지도는 십자군 부흥 운동을 펼치던 베네치아의 마리노 사누도Marino Sanudo의 의뢰에 의해 제작되었다. 사누도는 예루살렘 성지 탈환을 위한 실질적인 전략을 수립하고, 계획서와 함께 세계지도, 흑해 연안과 지중해 연안지역의 지도 및 팔레스타인 지도를 교황에게 제시했다. 사누도는 십자군이 보다 실용적인 지도에 기반하여 전쟁에 나가기를 원했으므로, 베스콘티의 세계지도는 전쟁에 필요한 지도는 현실적이어야 한다는 대전제하에 실용적인 목적을 추구했다. 이에 따라 에덴동산이나 천사와 같은 신앙적인 요소들을 지도에서 배제했다. 하지만 곡과 마곡의 땅, 사제 요한의 왕국은 그대로 지도에 표시했는데, 이 장소들이 실제로 존재한다고 생각했기 때문이다.

두 번째 요인은 15세기 초부터 이루어진 프톨레마이오스의 재발견이다.[1] 프톨레마이오스는 경위도 좌표를 사용했기 때문에 장소의 의미에 따른 계층성을 부여하지 않았다. 즉 정확한 위치에 장소를 입지시켰으며, 중요한 의미를 가진 장소라 해서 크게 그리지 않았다. 따라서 프톨레마이오스의 지도제작 방법을 채택한 사람들은 낙원에 대한 경위도 좌표를 알 수 없는 상태에서 공간의 특정 지역에 낙원을 그리는 것을 주저하게 되었다. 그리고 낙원이나 예루살렘을 지구상에서 가장 중요한 공간으로 지도에 표기하는 것 역시 어려워졌다.

세 번째 요인은 콜럼버스, 마젤란 같은 탐험가에 의한 지리정보의 확충이다. 많은 여행자들의 경험을 통해 동아시아에 더 이상 낙원이 존재한다고 믿는 것이 불가능해졌다.

이상과 같은 에덴동산의 위치에 대한 의문으로 인해 낙원을 지도상에 위치시키는 것이 더 이상 당연하다고 여겨지지 않게 되자 지상낙원의 지도화는 큰 변화를 겪었다. 이러한 변화는 세 가지 양상으로 나타났다.

첫 번째 양상은 전통적 방식으로 계속 낙원을 지도화하는 것이다. 세계지도는 지역지도와 달리 한번 특정한 도법의 지도를 사용하게 되면 계속 비슷한 유형의 지도를 사용하는 관행이 있다. 대표적인 예가 메르카토르 도법의 세계지도를 세계관이 바뀐 오늘날에도 그대로 사용하는 것이다. 따라서 낙원이 사라진 세계지도를 수용하기 위해서는 많은 시간이 필요할 수밖에 없었고, 많은 지도 제작자들은 여전히 낙원을 지도에 포함시켰다. 그러나 이 저자들이 과연 낙원이 여전히 지상에 존재한다고 생각해서 지도에 낙원을 표현했는지에 관해서는 의문의 여지가 있다. 그렇지만 이 지도들은 당시 새롭게 수집한 지리정보를 바탕으로 이전의 마파문디 유형이 아니라 보다 정교하게 제작된다.

대표적인 지도가 〈보르지아 지도Borgia map〉이다. 이 지도는 추기경 보르지아Stefano Borgia가 로마 교황청에 보낸 것으로, 1410년에서 1458년 사이에 제작되었으며 저자는 미상이다. 이 지도는 남쪽이 위쪽이 되도록 제작되었고, 동시대의 다른 서양지도들과는 달리 남쪽에 메카가 그려져 있다. 동쪽의 지상낙원에는 에녹과 엘리야가 천사와 함께 거주하고 있다. 그 바로 아래에는 뽕나무에서 누에를 기르는 장면이 그려져 있는데, 이는 중국을 지칭한다. 그리고 지상낙원 바로 오른편에는 사도 도마가 인도에 와서 복음을 전하고 최초의 공동체를 설립했다고 하는 도마 전승을 인용하여 도마의 교회를 그려 놓았다. 이것은 이 지역에 기독교 공동체가 존재한다는 것을 의미한다.

사도 도마가 인도에 복음을 전파했고, 그의 전도 덕분에 인도에 기독교 공동체가 만들어졌다는 것은 기독교 사가史家들도 인정하는 사실이다. 실제로 6세기 무렵 인도 남부에는 기독교인들이 거주하고 있었으며, 그곳에 있는 사도 도마의 무덤을 직접 방문했다고 주장하는 사람들도 있었다. 투르의 주교 그레고리우스의 기록에 따르면, 테오도르라는 사람이 사도

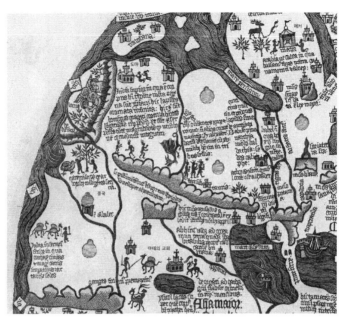

그림 28 〈보르지아 지도〉의 동아시아(1410~1458년, 바티칸도서관)

도마의 시신이 안치된 곳을 방문하고 돌아와 그곳에는 수도원과 교회가 있다고 주장했다고 한다.[2]

그리고 아래편에는 사도 마태의 교회가 그려져 있다. 교회 밑에 위치한 호수는 키르기스스탄에 있는 이시쿨호로, 이곳에 마태의 시신이 안식한다고 기록되어 있다. 실제로 사도 마태의 무덤이 위치한다고 알려진 이시쿨호는 오래전부터 실크로드를 지나는 대상들과 동방기독교인들에게는 널리 알려진 순례지였다.

두 번째 양상은 지상낙원의 위치를 아시아가 아닌 대륙으로 옮겨서 표현하는 것이다. 미지의 대륙에 지상낙원을 표현하고, 그 근거를 제시하는 방법을 채택한다면, 교회나 학자들의 비판을 피할 수 있기 때문이다. 실제로 지도 제작자들은 어떤 장소가 더 이상 그곳에 존재하지 않는다면 다른 곳에 옮겨서 그리곤 했다. 대표적인 사례로「요한계시록」에 언급된 말세의 민족인 '곡과 마곡'의 땅이 유럽 북쪽에 존재하지 않자 동아시아로 옮겨 놓은 것을 들 수 있다. 예를 들어 1375년에 제작된 〈카탈루니아 아틀라스Catalan Atlas〉에는 만리장성 북쪽에 곡과 마곡의 땅이 그려져 있다.[3] 그리고 사제 요한의 땅 역시 아시아에 존재하지 않는 것으로 확인되자 아프리카로 옮겨 놓았다. 이러한 사례와 마찬가지로 지상낙원 역시 아프리카로 이전하게 된다.

아프리카로 이동한 지상낙원

아시아에 다녀온 유럽인의 수가 증가했고, 아시아 어느 곳에서도 지상낙원을 발견했다는 보고가 없음에 따라 아시아에는 지상낙원이 존재하지 않는다는 것이 명확해졌다. 그러나 지상낙원이 존재해야만 한다고 생각한 지리학자들도 있었다. 그래서 미지의 대륙인 아프리카나 아메리카 대륙이 지상낙원의 대상지로 부상했지만 아메리카에 지상낙원을 위치시키기 위한 논거는 인정받기가 어려웠다. 예를 들어 콜럼버스가 1498년에 있었던 3차 항해 시 남미의 오리노코강 어귀에 도착한 다음 자신이 지상낙원에 도착했다고 믿었고, 또 일부 대중이 이 지역을 지상낙원의 후보지라고 생각했지만, 아메리카에 지상낙원을 위치시킨 지도는 존재하지 않는다. 왜냐하면 얼마 지나지 않아 아메리카가 아시아가 아니라는 것이 밝혀졌기 때문이다. 실제로 독일 지역에 거주하던 발트제뮐러Martin Waldseemüller는 1507년 아메리카 대륙을 최초로 독립적인 대륙으로 그린

에덴동산_중세 세계지도 속 지상낙원

지도를 발간했는데, 발견자를 아메리고 베스푸치로 잘못 알고 아메리카란 이름을 붙였다.

이후 아프리카는 에덴동산의 후보지로 급부상했는데, 사실 아프리카는 4세기경부터 에덴동산의 후보지로 언급되었다. 그 논거는 첫째, 「창세기」 2장 13절에는 낙원에서 발원하는 두 번째 강인 기혼이 구스Cush 또는 Kush 온 땅을 두른다고 기록되어 있다. 기혼은 나일강으로 간주되었고, 구스는 4세기 히에로니무스Eusebius Sophronius Hieronymus(영어명 Jerome, 347~420)가 성경 전체를 라틴어로 옮긴 '불가타'Vulgata 판'('백성의 언어' 혹은 '대중적인 판'이란 의미)에서 에티오피아로 번역되었다.[4] 이 판본은 로마 교회가 1,500년도 넘게 사용했던 공식 번역판이다. 따라서 아프리카에 위치한 에티오피아에 지상낙원이 존재하는 것은 이론적으로 가능하다. 그런데 중세인들은 「창세기」 2장 11절에 언급된 비손강이 돌아 흐르는 하윌라가 인도에 위치한다고 생각했다.[5] 따라서 인도와 에티오피아가 하나의 지역 범주 안에 포함되게 되었다.

그리고 중세인들은 인도와 에티오피아의 지리적 위치를 구분하지 못했다. 실제로 플리니우스의 『자연사』에도 홍해 서쪽 해안에 있는 이집트의 항구도시 베레니스 트로글로디티카Berenice Troglodytica를 인도인들의 곶promuntory of Indians으로 표기할 정도로 인도와 에티오피아를 혼동했다.[6] 이러한 혼동은 중세에도 계속되었으며,[7] 심지어 18세기 후반의 영국 작가들도 이를 혼동한 것으로 알려져 있다.[8] 이렇게 인도와 에티오피아를 혼동함에 따라 에티오피아에 낙원을 그리는 것도 가능해졌다.

둘째, 1350~1360년경에 간행된 저자 미상의 『세상의 모든 지식Libro del conosçimiento』에는 아프리카 남쪽 달의 고도에 달할 정도로 높은 곳에 지상낙원이 위치한다고 기록되어 있다.[9] 비록 이 책이 유럽인들에게 어느 정도

의 영향을 미쳤는지는 모르지만, 점차 이러한 기록이 늘어났고, 아프리카
가 지상낙원의 대상지로 부각되었다.

그러면 실제로 에티오피아나 아프리카 남쪽의 높은 산 위에 낙원이 그
려졌을까? 아프리카의 어느 곳에 지상낙원이 위치하게 되는지를 다음 절
부터 살펴보기로 하자.

적도에 위치한 지상낙원

적도에 지상낙원이 위치한다는 이야기는 교부 시대로 거슬러 올라간
다. 교회사가 필로스토르기우스Philostorgius(368~433)는 낙원이 동쪽의 적도
상에 위치하며, 낙원에서 발원한 네 강은 모두 지하로 스며들어 육상으로
다시 흐른다고 생각하였다.[10] 그렇지만 동쪽의 적도상에 위치한다는 것이
지 아프리카 대륙에 위치한다는 의미는 아니다. 적도에 위치한다면 문제
는 낙원의 온화한 기후 조건과 일치하지 않는다는 것이다.

그렇지만 지구의 둘레를 측정한 것으로 유명한 기원전 3세기의 지리
학자 에라스토테네스Eratosthenes of Cyrene와 기원전 2세기의 역사학자 폴
리비우스Polybius는 태양이 적도에 머무르는 시간이 남북회귀선 지역보다
짧고, 밤과 낮의 시간이 동일하기 때문에 적도 지역의 기후가 온화하다고
주장했다. 프톨레마이오스 역시 같은 이유로 적도 지역의 기후가 온화하
다고 주장했다. 그런데 이러한 주장은 당시에 받아들여지지 않았다. 9세
기와 10세기에 이슬람 천문학자들이 적도 지역의 기온이 온화하다는 주
장을 다시 했고 이 의견이 유럽에 전달되었다. 1220년대에 파리대학의 교
수였던 알렉산더 헬렌시스Alexander of Hales(1185~1245)는 적도 위에 에덴동

산이 위치한다고 주장했다. 그 역시 적도에서는 낮과 밤의 길이가 동일하고, 낙원을 적시는 샘이 더위를 식히며, 낙원이 위치한 산의 완만한 정상부가 태양열을 반사한다고 주장했다.[11] 따라서 적도 위에 낙원이 위치한다면, 온화한 기후 조건이 충족된다는 것이 일부 지도 제작자들의 생각이었다.

이렇게 아프리카의 적도에 낙원을 표시한 지도는 1450~1460년경에 제작된 〈모데나의 카탈란 지도Catalan World Map at Modena〉이다. 지상낙원 아래편에 기록된 문구에는 지상낙원에 대한 설명이 다음과 같이 기록되어 있다(그림 29).

이 지역은 지상낙원으로, 특히 아름다운 곳이다. 낙원은 불길이 하늘에 닿는 불로 완전히 둘러싸여 있다. (중략) 낙원에는 네 개의 강이 솟아나는 샘이 있다. 첫 번째 강의 이름은 유프라테스이며, 두 번째 강은 티그리스, 세 번째는 기혼, 네 번째는 비손이다. 그리고 이시도루스는 낙원이 적도에 위치한다고 말했다.[12]

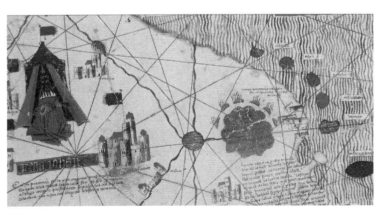

그림 29 〈모데나의 카탈란 지도〉의 낙원 주변(1450~1460년경, 모데나 대학교 도서관)

여기에서 저자는 7세기 『어원론』의 저자 이시도루스가 지상낙원이 적도에 위치한다고 말했다고 기술했지만, 이시도루스는 그렇게 말하지 않았다. 이는 지도 저자가 낙원의 위치를 정치적 목적을 위해 의도적으로 왜곡한 것이다.

이 지도에서 확인할 수 있는 또 하나의 내용은 지상낙원 근처에 사제 요한의 왕국이 위치한다는 것이다. 사제 요한의 왕국은 원래 인도 근처에 있다고 알려져 있었다. 그렇지만 마르코 폴로와 같은 유럽 여행자들의 기록을 통해 확인한 사제 요한 왕국은 매우 실망스러웠다. 사제 요한 왕은 이미 죽었고 요한 왕국이 자리했던 땅은 이제 몽골의 지배하에 있었다. 그렇지만 1357년에서 1360년대 초에 프랑스어로 처음 쓰인 것으로 추정되는 『맨더빌 여행기』[13]에는 "사제 요한 왕국의 바다에서 3일 정도의 거리에 큰 산들이 있으며, 이 산에서 큰 강이 흘러나오는데 발원지가 낙원이다. 그 강에는 물이 한 방울도 없고 보석으로 가득 차 있다"고 기록되어 있다.[14] 따라서 사제 요한 왕국은 이 가상의 여행기를 통해 부유한 이미지로 재탄생했다. 이렇게 사제 요한의 왕국 옆에 지상낙원이 위치하게 된 것이다.[15] 『맨더빌 이야기』는 지금은 완전한 허구로 치부되지만, 르네상스 시기에는 실제 여행기로 인식되었다.

그런데 사제 요한 왕국이 성지 너머의 아시아에 없다는 소문이 확산되던 14세기 중엽부터 아프리카의 에티오피아에 사제 요한 왕국이 있다는 소문이 등장하였다. 이후 1335년 순례자 자코보 다 베로나Jacopo da Verona는 예루살렘에서 사제 요한왕이 누비아와 에티오피아의 주인이자 술탄보다 더 강력한 권력의 소유자라는 소문을 들었다고 기록하였다. 이로 인해 포르투갈인들은 에티오피아 황제를 통상적으로 'Preste Joao' 또는 'o Prest'로 불렀고,[16] 아프리카에 부유한 사제 요한 왕국이 있다고 믿게 되었다.

또한 이 지도는 특별히 포르투갈의 대서양 탐사와 관련이 있다. 15세기 전반부에 포르투갈의 항해왕 엔히크는 포르투갈의 해양탐사를 주도했는데, 그 목적의 하나가 전설에 나오는 사제 요한왕이 다스리고 있다는 기독교 왕국을 찾기 위한 것이었다. 엔히크는 당시 사제 요한이 나일강 수원을 지배하고 있다고 생각했다. 만일 사제 요한의 왕국에 도달하기 위한 길을 찾는다면, 사제 요한이 당시 포르투갈의 지배계층과 친밀한 관계를 맺고 있으며 십자군 원정을 추진하던 부르곤디의 선량공 필립 3세 공작Duke Philip the Good of Burgundy(1396~1467)을 도울 수 있을 것으로 생각했다. 백년전쟁 중 잔 다르크를 생포하여 잉글랜드에 넘겨준 것으로 유명한 필립 3세는 1454년에 오스만 제국을 상대로 십자군전쟁을 조직했으나 실제로는 이뤄지지 않았다. 사제 요한의 땅을 찾기 위해 포르투갈의 배들은 아프리카 해안뿐만 아니라 서아프리카의 강들도 탐사했다. 1445년 이후에는 포르투갈의 배들이 감비아로 갔다. 당시 유럽 지도에는 감비아 쪽에도 나일강의 유로가 표기되어 있었다.[17] 이 지도는 나일강을 통해 사제 요한의 땅에 도달할 수 있다는 메시지를 주기 위한 선전 목적으로 제작된 것으로, 지상낙원을 사제 요한 왕국 근처에 위치시켰을 확률이 높다.

그림 30은 1502년에서 1506년 사이에 아메리고 베스푸치에 의해 제작되었을 것으로 추정되는 지도이다. 1859년에 쿤스트만Friedrich Kunstmann에 의해 출간되었기에 〈쿤스트만 2세 지도Kunstmannn II Map〉로 불린다. 이 지도에는 적도는 아니지만 아프리카 중앙부 남회귀선을 중심으로 낙원이 그려져 있다. 그 북쪽의 아프리카 중앙부에 흐릿하게 그려진 것은 사제 요한의 왕국이다. 현재의 에티오피아 위치인 아프리카 동쪽 해안에는 'Rex Melindi'가 표기되어 있는데, 바스코 다가마가 리스본에서 출발해 인도로 항해하는 탐사(1497~1499)를 할 때 환대를 한 현재 케냐 지역 말린디

그림 30 〈쿤스트만 2세 지도〉의 지상낙원(1859년, 미국의회도서관)

Malindi의 족장을 지칭한다. 당시 말린디는 케냐의 또 다른 지역인 몸바사 Mombasa와 분쟁 중이었기에 포르투갈인들에게 우호적이었다.

지상낙원에는 생명수 또는 선악을 알게 하는 나무 하나만 그려져 있고, 주변에 낙원에서 자라는 작은 나무들을 그려놓았다. 특이한 것은 나무 위에 앵무새를 그린 것이다. 기독교 전승에 의하면 앵무새는 낙원의 새로 불렸으며, 또한 성모 마리아를 상징한다. 이 지도의 제작 목적은 원래 아프리카 선교와 정복이었다. 지도의 스페인 부분을 보면 스페인 국왕과 포르투갈 국왕이 손을 잡고 있는 모습을 볼 수 있는데, 이는 토르데시야스 조약을 통한 세계 식민화를 상징한다. 그리고 낙원의 나무 중간부에 그려진 장식은 이 지도를 소장했던 스페인 추기경 로페즈Bernardino Cardinal López de Carvajal 가문의 문장이다.[18]

에덴동산_중세 세계지도 속 지상낙원

달의 산에 위치한 지상낙원

4세기 신학자 에프라임Ephrem the Syrian(306~373)은 『창세기 주석』에서 지상낙원은 세상에서 가장 높은 곳에 있으며, 어찌나 높은지 달의 원 궤도에 거의 닿을 정도라고 했다. 그는 높은 곳에서 강이 지하로 스며들어 바다로 나온다고 주장했다. 더구나 높은 곳에 위치해야 노아의 홍수의 피해를 입지 않고, 인간의 접근이 불가능하다. 그래서 피터 롬바르드Peter Lombard(1096~1160)와 제르바즈Gervase of Tilbury(1150~1220) 같은 중세학자 중 상당수는 낙원이 달의 높이에 도달할 정도로 높은 곳에 있다고 생각하였다.[19]

성경 내용적 측면에서도 달의 산은 지상낙원의 후보지로 가능하다. 왜냐하면, 「에스겔」 28장 13~14절에서는 "너는 하나님의 거룩한 산에 살면서"와 같이 높은 산을 거룩한 곳으로 묘사하는데, 낙원 역시 거룩한 곳이기 때문에 달의 산과 같이 높은 고도에 위치하는 것이 가능하기 때문이다.

그런데 달의 산은 아프리카에 위치한다. 기혼이 나일강이라면, 에덴동산이 나일강의 원천인 달의 산에 위치하는 것은 논리적으로 가능하다. 우리나라가 자랑하는 세계적인 지도로 조선 태종 2년(1402년)에 제작된 〈혼일강리역대국도지도〉에는 나일강이 달의 산에서 발원하는 것으로 표현되어 있다.

한편, 이러한 생각이 중세에도 당시 대중에게 널리 통용되었다는 것을 보여주는 미술작품이 있다. 시에나에서 활동했던 이탈리아 화가 조반니 디 파올로Giobanni di Paulo의 〈천지창조와 아담과 이브의 낙원에서의 추방 The creation of the world and the expulsion of Adam and Eve from Paradise〉이다(그림 31). 1445년에 제작된 이 작품의 왼편에는 지도가 그려져 있다. 프라 마우로의 1450년 지도(그림 27 참조)와 마찬가지로 남쪽이 위에 위치되어 있는 지

그림 31 조반니 디 파올로의 〈천지창조와 아담과 이브의 낙원에서의 추방〉(1445년, 뉴욕 메트로폴리탄 박물관)

도이다. 이 지도에서 보면 아프리카 남쪽에 위치한 산에서 네 개의 강이 발원함을 알 수 있다.

또한 15세기의 여행가 아놀드 폰 하프Arnold von Harff는 1471년에서 1505년 사이에 예루살렘을 여행했는데, 낙원이 아프리카 달의 산에 위치한다고 주장했다. 그리고 신학자 야곱 페레즈Jacob Pérez de Valencia는 1484년 출간한 『다윗 시편에 대한 강해Expositiones in Psalmos Davidicos』에서 '달의 산'에 지상낙원이 존재한다고 기술했다. 그는 신이 아담에게 남반구를 경이로운 낙원으로 만들라고 명령을 내렸다고 주장했다.[20]

달의 산 위에 지상낙원이 표현된 대표적인 지도는 1457년에 제작된 〈저노즈 지도Genose map〉이다. 이 지도에는 '달의 산'에서 두 개의 나일강 유로가 흐르고, 동쪽에서 또 다른 유로가 유입하여 나일강 본류를 형성하는 것이 표현되어 있다. 왼쪽 주기에는 "이집트어로 게벨칸Gebelcan이라고

에덴동산_중세 세계지도 속 지상낙원

그림 32 〈저노즈 지도〉의 아프리카(1457년, 미국의회도서관)

불리는 '달의 산'에서 나일강이 솟아오르고 여름에 눈이 녹으면 매우 큰 개울이 흐른다"는 내용이 기록되어 있다. 그리고 우편에 기록한 주기註記에는 "일부는 이 지역에서 기쁨의 낙원을 찾았다. 다른 사람들은 그것이 인도를 넘어 동쪽에 있다고 말했다"는 내용이 기록되어 있는데 이는 이곳이 지상낙원임을 암시한다(그림 32). 즉 지상낙원에서 기혼강이 발원하기 때문에 '달의 산맥' 정상 주변에 지상낙원이 자연스럽게 존재하게 된 것이다.[21]

베스콘테 마지올로Vesconte Maggiolo의 1512년 지도에는 '달의 산'이 남위 12도 정도의 아프리카 중남부에 그려져 있다. 이 지도에는 '달의 산' 정상에 지상낙원이 위치하는 것을 확인할 수 있다(그림 33). 한 가지 의문인 것은 달의 산이 아프리카 동쪽이나 중앙부가 아닌 서쪽에 표현되어 있는

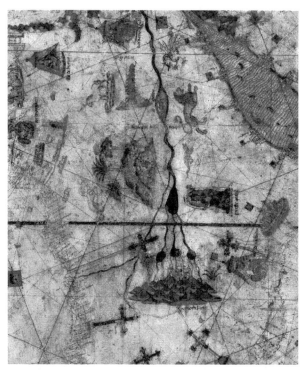

그림 33 〈마지올로 지도〉의 달의 산과 지상낙원 부분(1512년)

것이다. 이는 지상낙원에서 발원한 나일강이 아프리카 서쪽에서 분출하
여 이집트로 흘러 들어간다고 생각했기 때문이다.[22]

제 5 장

역사지도에만 표시되는 지상낙원

역사지도에만 표시되는 지상낙원

파괴된 지상낙원

그 시기가 언제부터인지는 명확하지 않지만, 에덴동산이 여전히 이 땅에 존재한다는 생각은 점차로 사라지기 시작했다. 1500년대에 들어와서 신학자들은 지상낙원에 대한 새로운 언급을 하지는 않았다. 그렇지만 노아의 홍수로 인해 지상낙원이 파괴되었다는 견해가 점차적으로 확산되었다. 바티칸 도서관장 아우구스티누스 슈튜추스Augustinus Steuchus(1497~1548)는 비유적 해석이 아니라 문자적으로 에덴동산의 위치를 해석했다.[1] 그는 「창세기」 4장 16절에서 가인이 에덴의 동쪽인 놋에 거주했고, 「에스겔」 27장 23절에서 당시 해양도시로 레바논과 갈릴리 사이에 위치한 두로Tyre가 에덴과 교역했다는 내용을 기초로 에덴이 메소포타미아에 위치한다고 주장했다. 그렇지만 타락 이후 낙원은 아름다움을 상실해서 더 이상 일반 지역과 구분하는 것이 어렵고, 하윌라와 구스 역시 인도와 에티오피아에 있지 않고 메소포타미아와 아라비아에 위치한다고 주장했다.[2] 이러한 그의 견해는 16세기 중반 이후의 지상낙원 지도에 영향을 미쳤다.

에덴동산이 지상에 존재한다는 중세의 생각은 폐기되었고, 이 시기의 학자들은 막연하게 동쪽에 위치한 낙원 대신 먼 과거에 지상의 낙원이 존재했던 위치만 파악하려고 했다. 중세 시대에 에덴동산은 접근하기 어려운 동쪽의 '아무 데도 없는' 곳에 위치해 있었지만, 타락 이전의 세계, 즉 현대의 인간 세계와는 전혀 다른 차원의 먼 과거에 존재했던 곳이기도 했다.

그런데 이 시기에 등장한 또 하나의 생각은 문자적 의미가 아닌 비유적 의미로 지상낙원을 생각하게 된 것이다. 이들은 타락 이전의 에덴동산이 국지적 장소가 아니라 전체 지구라는 생각을 하였다. 이들의 논거는 만약 타락하지 않았다면 아담과 이브는 물론 그의 자손들이 에덴동산에 거주했어야 하는데, 그러기에는 에덴동산의 면적이 너무 좁다는 것이다. 또한 낙원 외의 지역이 거주 불가능하다면 왜 지구의 나머지 지역을 창조했느냐는 것이다. 당시 스위스의 인문학자 요아킴 판 바트Joachim Van Watt,[3] 네덜란드의 의사 요하네스 고로피우스 베카누스Johannes Goropius Becanus, 네덜란드 신학자 루도비쿠스 피델리스Ludovicus Fidelis, 이탈리아의 인문학자 루도비코 노가롤라Ludovico Nogarola 등이 이러한 생각을 가지고 있었다.[4] 한때 마르틴 루터Martin Luther(1483~1546) 역시 국지적 공간이 아니라는 의견을 피력한 적이 있다.[5] 그는 1566년 초판이 발간된 『탁상담화Table Talk』에서 지구 전체가 에덴동산이라고 하면서 "아담은 타락 이후에 시리아로 갔다. 사마리아와 유대 땅도 한때 열매를 맺는 땅으로, 낙원으로 간주될 정도였다. 그러나 지금은 모래로 덮힌 건조한 땅이 되었는데, 신이 저주했기 때문이다. 이 땅의 열매가 없는 것은 우리의 죄 때문이다. 그러나 신이 축복하면 모든 것이 풍성하게 자란다"고 하였다.[6]

그렇지만 이러한 주장의 영향력은 매우 제한적이었다. 대부분의 학자들은 에덴동산이 국지적 장소라는 기존의 생각을 유지했다. 대신 홍수로 인해 지상에서 사라졌다고 주장했다. 즉 높은 곳에 위치해 낙원이 피해를 입지 않고 여전히 존재한다는 중세의 사고를 폐기한 것이다.[7]

마르틴 루터 역시 슈튜추스의 생각에 동의했다. 루터는 1561년 발행한 『창세기 강해』에서 지상낙원은 존재하였으나 노아의 홍수에 의해 사라졌거나 인간의 원죄에 의해 더 이상 낙원으로서의 역할을 하지 못하게 되었으므로 낙원의 위치를 따지는 것은 더 이상 의미가 없다고 주장하였다. 즉 역사적으로 낙원은 존재하였으나 현재는 비유적 의미만 가진다는 것이다. 따라서 낙원의 위치가 어디인지를 인간이 알려 하는 것은 더 이상 의미가 없다고 주장하였다.

그는 신이 동산을 만들고 사람을 이곳에 살게 한 것은 역사적 사실이라고 주장했다. 그러므로 현재 이 정원의 위치를 인간들이 따지는 것은 한가하다는 것이다. 또한 모세가 말한 강들의 상황을 고려할 때, 이 지역은 시리아, 메소포타미아, 다마스쿠스 그리고 이집트로, 이 지역의 가운데에 예루살렘이 위치하는데, 이 정원은 아담이 후손들과 살아갈 땅이므로 몇 마일 범위로 제한하는 것은 허무하다고 주장했다.[8]

이러한 비유적 해석은 이후에도 계속 이어졌다. 지구 전체가 인간의 죄에 의해 손상되었는데, 이것은 장소의 문제가 아니라 상태의 문제라는 것이다. 그리고 특정한 지역이 아니라 지구 전체가 훼손되었으므로 인간에게는 더 심각한 박탈이라는 것이다.[9] 그룹의 불칼에 대해 이들은 신이 지구에 내린 저주이며, 이는 기쁨과 영생이 상실된 것으로 간주하였다.

루터의 에덴동산에 대한 해석을 보여주는 지도가 있다. 루터의 1534년 『비텐베르크 성경Wittenberg Bible』에 수록된 세계지도로 지도 제작자는 한스 루프트Hans Lufft이다(그림 34). 이는 「다니엘」 7장에 언급되는 다니엘의 꿈에 대한 내용이다. 다니엘은 꿈속에서 환상을 보았는데, 동서남북 사방에서

에덴동산_중세 세계지도 속 지상낙원

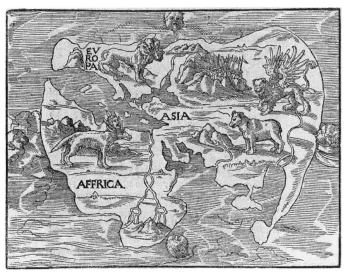

그림 34 마르틴 루터 성서 속의 세계지도

바람이 하늘로부터 큰 바다로 불었다. 그리고 바다에서 독수리의 날개를 가진 사자, 곰, 날개와 머리가 각각 네 개인 표범처럼 생긴 동물, 쇠로 된 큰 이빨과 뿔이 10개인 동물이 나타났다. 다니엘이 천사에게 이 짐승들의 의미를 물었고, 천사는 큰 짐승 네 마리가 앞으로 땅에서 일어날 네 왕이라고 설명했다. 이 내용은 네 짐승이 의미하는 네 왕국의 통치는 결국 종말을 맞이하게 되고, 영원한 하나님의 통치가 시작된다는 종말론적 관점에서 해석된다.[10]

이 지도에는 날개가 있는 사자가 아시아 북쪽에 그려져 있는데, 바빌로니아를 상징한다. 그 아래에 그려진 곰은 메데와 페르시아 왕국을 지칭한다. 세 번째 짐승은 알렉산드로스대왕 후계자들의 분열된 왕국을 상징하는 네 개의 머리를 가진 날개 달린 표범으로 유럽에 서 있다. 마지막 로마는 머리에 뿔이 달린 염소 모양 짐승으로 아프리카에 위치한다. 지도

제5장 역사지도에만 표시되는 지상낙원

중앙에 위치한 군대는 15세기와 16세기에 유럽을 공격한 오스만 튀르크의 세력을 상징하는데 당시 유럽인들은 이를 종말의 징후로 간주했다.

그런데 이 지도에서는 에덴동산을 찾을 수 없다. 아프리카 남단에 달의 산이 그려져 있지만 낙원은 표시되지 않았다. 종말을 표현한 지도에 에덴동산을 표시되지 않은 것 자체가 에덴동산이 노아의 홍수에 의해 사라졌다는 루터의 사고를 반영한 것으로 볼 수도 있다.[11]

칼뱅의 에덴동산

종교개혁가 칼뱅Jean Calvin(1509~1564)은 그의 『창세기 주석』에서 인간의 원죄만 아니면 낙원의 아름다움이 그대로 유지되었을 것이라 말했다.[12] 그는 낙원이 공기 중의 꿈과 같은 것이 아니라 실제로 유대 지방의 동쪽에 위치한다고 주장하였다. 그리고 낙원의 네 강에 대해 언급하며 기혼을 나일강으로, 비손을 갠지스강으로 해석하는 것은 잘못된 유로 해석에 의한 오류라고 지적하였다. 그는 실제 이 강들과 낙원은 거리가 상당히 떨어져 있다고 언급했다. 그리고 이들 강 중 하나가 다뉴브강이라는 주장도 배격한다. 다뉴브강은 유럽을 흐르므로, 아시아와 떨어져 있으며, 이 강들의 이름은 이제 통용되지 않는다고 주장했다. 나머지 두 개의 강 이름은 현재 확인이 불가능하며 단지 「창세기」 집필자인 모세가 의미한 것은 에덴동산에서 발원한 물이 낙원을 풍성하게 적셨고, 나중에 네 개의 수원으로 분리되었다는 것이라고 「창세기」 2장 10절을 해석했다.[13]

칼뱅이 『창세기 주석』을 기술한 목적은 신의 창조 질서, 인간을 신의 형상을 따라 만드신 신의 선함, 아담과 이브의 원죄로 인해 인간이 신으로

에덴동산_중세 세계지도 속 지상낙원

부터 분리된 결과, 그리고 그리스도를 통한 신과 인간의 관계 회복을 기술하기 위한 것이므로 낙원의 지리적 특성은 그의 주 관심사는 아니었다. 그는 플리니우스Pliny the Elder(AD 23/24~AD 79)와 폼포니우스 멜라Pomponius Mela(?~AD 45) 등이 언급한 낙원의 위치와 강들의 유로, 「이사야」 37장 12절과 「에스겔」 27장 23절에 언급된 에덴의 위치 등을 참조해서 낙원이 위치하는 공간을 다음의 지도(그림 35)로 제시했다. 그렇지만 지도에 낙원이나 에덴의 명칭은 표시하지 않았다.[14]

『창세기 주석』에는 지상낙원이 위치할 것으로 추정되는 메소포타미아 지역 지도가 포함되어 있는데, 직접 작성했거나 그의 의도를 반영하여 지도 제작자가 제작한 것으로 추정된다. 이 지도에는 낙원에서 발원하

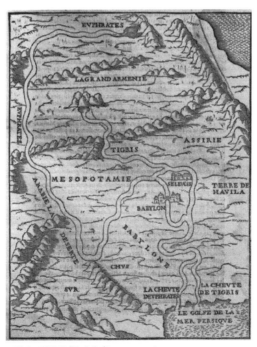

그림 35 칼뱅의 〈성지지도〉(Calvin, 1554:33)

는 네 개의 강이 그려져 있고, 아르메니아La Grand Armenie, 메소포타미아
Mesopotamie, 아시리아Assirie, 하윌라Terre De Havila, 구스Chvs가 표시되어 있
다. 그렇지만 정확한 지상낙원의 위치는 표시되지 않았다(그림 35). 그러나
프랑스의 작가 르노Antoine Regnault는 1573년 『성지순례기Discours du voyage
d'Outremer au Sainct Sepulcre de Jerusalem, et autres lieux de la terre Saincte』에서 칼
뱅의 지도를 참조하되, 칼뱅과 달리 지상낙원의 위치를 구체적으로 표시
했다(그림 36).

비록 칼뱅이 낙원이 위치한 지역의 지도를 그렸지만, 동시대의 지도
제작자들은 단순히 성경해설 지도로만 간주했지 실질적 의미를 부여하지
않았다. 이는 그 당시 메소포타미아 지역에 대한 정보가 이미 널리 알려
져 있었기 때문이다. 따라서 이후 성서를 해석하는 지도에서만 낙원이 표

그림 36 르노의 〈성지지도〉(Regnault, 1573)

에덴동산_중세 세계지도 속 지상낙원

시되게 되었다.

16세기 후반부터 17세기 중반까지의 지도의 발달을 주도한 국가는 저지대국가였다. 특히 오르텔리우스Abraham Ortelius와 메르카토르Gerhardus Mercator는 당대 최고의 지도 제작자들로 평가받고 있다. 이들은 신앙심이 지나쳐 이단으로 몰릴 뻔한 경험이 있을 정도로 철저한 기독교 신자였다. 하지만 이들은 일반적인 지도에서는 에덴동산을 그리지 않고 종교지도에서만 낙원을 표현했다. 오르텔리우스가 1584년에 제작한 〈사도 바울의 선교 여행 지도Peregrinationis Divi Pauli Typus corographicus〉에는 낙원이 아라비아사막과 메소포타미아, 팔레스타인과 시리아 사이에 'paradisus'로 표기되어 있다(그림 37). 글자의 크기나 굵기를 조정하여 낙원의 존재 역시 강조하지 않은 것을 확인할 수 있다. 낙원 근처에는 작은 강만 표시되어 있으며, 유프라테스강은 낙원보다 북쪽에 그려져 있다. 칼뱅이 정확한 위치를

그림 37 오르텔리우스의 〈사도 바울의 선교 여행 지도〉 부분

표시하지 않아 비교할 수는 없지만, 칼뱅이 제시한 지역의 범위 안에 낙원의 위치가 포함된다고 볼 수 있다. 즉 칼뱅이 종교지도 제작의 측면에서는 계속 영향력을 미쳤다고 볼 수 있다.

이후 역사지도나 성서지도에서는 간혹 지상낙원이 표시되었지만, 일반적인 지도에서는 지상낙원이 사라졌다. 심지어 주류 지도학자들은 성서지도에서도 에덴동산을 더 이상 표시하지 않았다. 프랑스의 왕실지리학자 니콜라 상송Nicolas Sanson이 1655년 제작한 〈구세주 예수와 베드로와 바울의 선교 여행 지도Iesu Christi salvatoris nostri et apostolorum Petri et Pauli mansiones〉에서는 이들의 행적만 선으로 표시했을 뿐 지상낙원의 위치는 표시하지 않았다. 그리고 낙원에서 발원하는 강은 오르텔리우스의 지도와 마찬가지로 유프라테스강 하나만 표시했다(그림 38). 낙원의 경위도 좌표를 알 수 없는데 지도에 표시하는 것은 더 이상 과학적인 관점에서 용인되지 않았다. 즉 지도가 종교적 세계관의 표상에서 탈피하여 과학적 도구가 된 것이다.

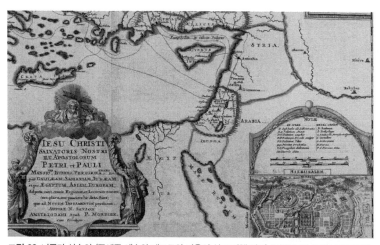

그림 38 니콜라 상송의 〈구세주 예수와 베드로와 바울의 선교 여행 지도〉 부분(1655년, 프랑스 국립도서관)

에덴동산_중세 세계지도 속 지상낙원

나가며

　중세 세계지도는 구원의 지도였다. 중세인들은 지도에 그려진 에덴동산을 보면서 자신들이 상실한 낙원에 대해 생각했다. 이들은 창세기를 종말론적으로 해석하고 마지막 날에 에덴동산으로 귀환할 것이라는 믿음을 가지고 이를 유지하면서 세상에서 살아가는 것을 소망했다. 이 귀환은 그리스도의 재림 시 이루어지는 것으로, 이들은 지도에 나타난 새 예루살렘을 또한 소망했다. 그리고 주님을 사랑하지 않는 사람은 주님을 맞이할 수 없다는 가르침에 힘입어 하나님을 사랑하고 이웃을 사랑하라는 계명을 되새겼다.

　에덴동산은 과거의 시공간에만 존재했거나, 미래의 복낙원을 위한 희망의 대상에 제한된 것은 아니다. 에덴동산에서 발원하는 강은 현재도 은혜의 강으로 인간과 낙원을 이어주고 있는 것이다.

　이러한 측면에서는 에덴동산이 기독교 세계관의 표상이라고 볼 수 있다. 그렇지만 지리학적 관점에서의 에덴동산에 대한 해석은 또 다른 문제이다. 에덴동산이 실제로 땅 위에 존재하는가, 아니면 비유적 의미만 가지느냐에 대해서는 초기 교부 시대부터 많은 논쟁이 있었다. 그렇지만 아우구스티누스에 의해 두 가지 의미를 모두 가진다는 해석이 정착되면서

부터 지도상에 표시하는 것이 가능해졌다.

그러나 문제는 에덴동산에서 발원하는 네 개의 강이 어느 강을 지칭하느냐에 따라 에덴동산의 위치가 달라졌다는 것이다. 비손은 갠지스강 또는 인더스강으로 해석되어도 크게 차이가 없지만, 나일강으로 해석되는 기혼의 경우 중세인이 생각한 유로와 실제 유로가 너무나 다르기 때문이다. 특히 나일강이 아프리카 서해안에서 발원한다고 가정할 경우는 지상낙원이 아프리카 서해안에 위치하게 된다. 실제로 르네상스 시기의 지도들은 아프리카 서해안에 에덴동산을 그리기도 했다.

달의 산이나 사제 요한의 왕국 역시 에덴동산의 위치에 영향을 미쳤다. 이 과정에서 다양한 에덴동산의 지리적 위치에 대한 전제 조건을 상상하고 이를 검증하지 않고 지도에 표시했다. 이 때문에 아프리카의 적도 지역이나 아프리카 남부 지역에 지상낙원이 그려진 것이다.

르네상스 시대의 학자들은 에덴동산이 지구상 어딘가 존재한다고 여전히 믿었고, 지도를 통해 낙원에 대한 믿음을 형상화했다. 그리고 화염검으로 무장한 천사가 가로막아 들어갈 수는 없지만, 그래도 한번 찾아내보려는 모험가들의 호기심을 작동했고, 콜럼버스 역시 잠시 자신이 에덴동산에 도착했다는 착각에 빠져 있기도 했다.

그렇지만 어느 곳에서도 지상낙원을 찾을 수 없게 되자, 지구의 모든 곳이 지상낙원이라는 사상이 유럽의 지식인들에게 확산되었고, 종교개혁가 마르틴 루터 역시 잠시 이러한 생각을 가지기도 했다. 그렇지만 루터는 에덴동산에 대해서는 문자적 해석의 입장을 선택했다. 그리고 에덴동산이 노아의 홍수로 인해 사라져 버렸기 때문에 지상에서는 그 흔적을 발견할 수 없다고 주장했다.

또 다른 종교개혁가 장 칼뱅은 『창세기 주석』에 수록한 메소포타미아 지도에서 에덴동산에서 발원하는 네 개의 강을 그려서 이곳에 이전에 에덴동산이 위치했다는 사실을 나타냈다. 이후 지도 제작자들은 칼뱅의 견해에 따랐고, 에덴동산의 지도를 역사지도 혹은 성서지도의 형태로 출간했다.

중세와 르네상스 시기에 제작된 지도에 표시된 에덴동산은 눈으로 볼수 없는 천국을 이미지로 나타낸 것이다. 자연과학적 의미에서 이러한 이미지는 더 이상 유효하지 않지만, 믿음은 보이지 않는 것을 보는 것이라는 측면에서는 여전히 유효하다. 중세와 르네상스 시기에 발행된 지도에 표시된 에덴동산 이야기는 역사의 흐름을 약속에서 성취로 가는 여정으로 읽게 한다. 신이 인간을 구원하는 역사를 지도로 공표한 텍스트인 것이다.

미주

제1장

1   조신권 (2006), 「Paradise Lost의 공간: 에덴동산」, 『기독교와 어문학』 3(1), 5–37쪽.

2   Ausloos, H. (2017), "Garden in Eden" or "paradise of delight"? The Septuagint's rendering of עדן in the book of Genesis," *Acta Theologica*, 37(1), pp. 6–17.

3   오늘날의 아라비아 지방에 해당되나 중세에는 인도로 생각하기도 하였다.

4   종종 에티오피아로 번역되는 아프리카의 한 지역으로 이집트 남쪽(『에스겔』29 장 10절)의 나일강을 따라 위치하고 있는 누비안 왕국Nubian과 동일시된다(『이사 야』18:1). 아비시니아 고원에 위치한 오늘날의 에티오피아와는 차이가 있다(아 가페 출판사, 1991).

5   '하와'와 '이브'는 동일한 이름이다. 히브리어 성경에는 '하와'라고 표기되었지 만, 이후 헬라어와 라틴어 그리고 영어 성경으로 번역되면서 발음상의 문제 로 철자가 바뀌었다.

6   조미정 (2022), 「구약성경에 나타난 종말론의 성격과 기원: 창 1–3장과 슥 14 장의 간본문성 연구를 중심으로」, 아신대학교 대학원 박사학위논문.

7   조재천 (2014), 「알렉산드리아의 필로의 성경 주해 저술들과 알레고리의 성 격」, 『Canon & Culture』 8(1), 85–108쪽.

8   로널드 헨델 (2020), 『창세기와 만나다』, 박영희 옮김, 비아, 122–123쪽.

9   Philo, On the Creation. *Allegorical Interpretation of Genesis 2 and 3*. Translated

by F. H. Colson, G. H. Whitaker. Loeb Classical Library 226. Cambridge, MA: Harvard University Press, 1929.

10   박영희(2020), 앞의 책.

11   Martens, P. (2013), "Origen's Doctrine of Pre-Existence and the Opening Chapters of Genesis," *Zeitschrift für Antikes Christentum*, 16, pp. 516-549.

12   Jacobs, A. S. (2013), "Epiphanius of Salamis and the Antiquarian's Bible," *Journal of Early Christian Studies*, 21(3), pp. 437-464.

13   Mingana, A. (1932), *Commentary of Theodore of Mopsuestia on the Nicene Creed*, Cambridge: W. Heffer & Sons..

14   서원모 (2016), 「성경해석과 철학-아우구스티누스의 창조론을 중심으로-」, 『중세철학』 22, 43-115쪽.

15   우병훈 (2023), 「아우구스티누스의 창세기 해석의 유연성」, 『개혁논총』 66, 45-85쪽.

16   Barney et al. (2006), *The Etymologies of Isidore of Seville*, Cambridge University Press, p. 280.

제2장

1   우리는 중세인들이 지구가 둥글다는 것은 지리상의 대발견 이후에야 인지하기 시작했다고 생각한다. 그렇게 생각하게 된 이유 중 하나는 워싱턴 어빙 Washington Irving이 1828년 발표한 『크리스토퍼 콜럼버스의 항해와 일생 이야기A History of the Life and Voyages of Christopher Columbus』 때문이다. 이 책에서는 콜럼버스가 항해를 시작하기 이전에 스페인의 학문 중심지인 살라망카에서 열린 그의 항해계획 제안을 논의하는 회의에서 왕실 학자들이 콜럼버스를 조롱하는 장면이 현장감 있게 묘사되어 있다. 여기서 학자들은 '지구가 평평하다'라고 해석될 여지가 있는 성경 구절과 교부들의 주장을 인용하며 콜럼버스를 힐난한다. 당시 이 책이 워낙 많은 인기를 끌었기 때문에 오늘날 우리는 중세학자들이 지구가 평평하다고 믿었다고 생각하게 된 것이다.

또 다른 이유는 진화론 옹호론자들이 진화론에 반대하는 교회를 비판하기 위해, 기독교가 지구는 평평하다고 생각할 정도로 무지한 종교라고 매도한 영향이다. 19세기 세속 사상가들은 진화론에 반대하는 교회를 비판하기 위해, 평평한 지구라는 개념을 주장한 교부가 소수임에도 불구하고, 기독교 주류 철학인 교부 철학과 스콜라 철학의 탓으로 돌렸다. 지구가 둥글다는 것에 대해 교회의 견해가 틀렸으니, 『종의 기원』에 대한 교회의 생각도 틀릴 수 있음을 보여 주려는 것이었다(정인철, 2020).

2   모두가 아니라 대부분이란 용어를 채택한 것은 그리스 전통의 지도도 5% 이상 존재하기 때문이다.

3   노아가 포도주를 너무 많이 마신 나머지 그의 장막 안에서 하체가 다 드러난 상태로 잠을 자고 있었다. 그런데, 둘째 아들인 함이 우연히 아버지의 장막을 지나다가 그 광경을 보았다. 그리고 형과 동생에게 달려가서 이 사실을 알렸다. 그러자 두 형제가 함께 달려와서 '뒷걸음질 쳐서' 방에 들어간 후 아버지의 옷으로 하체를 가려주었다. 그리고 노아가 술에서 깬 후 이 사실을 알고 함의 아들인 가나안을 저주한 다음 셈과 야벳을 축복했다.

4   Braude, B. (1997), "The Sons of Noah and the Construction of Ethnic and Geographical Identities in the Medieval and Early Modern Periods," *The William and Mary Quarterly*, 54(1), pp. 103‒142.

5   Morse, V. (2007), "The role of maps in later medieval society: twelfth to fourteenth century," in Woodward, D., (ed.), *The History of Cartography: Cartography in the European Renaissance*, Chicago: The University of Chicago Press, p. 28.

6   Levez! Si vous vendrez a joie pardurable.

7   Levez! Si alez au fu de enfer estable.

8   Veici, beu fiz, mon piz, de deinz la quele chare preistes, E les mamelectes dont leit de Virgin queistes, Eyez merci de touz si com vos memes deistes, Ke moy ont servi, kant Sauveresse me feistes.

9   Westrem, S. D. (2001), *The Hereford Map*, Turnhour: Brepols, p. 7.

10 최용준 (2019), 「완성에 대한 기독교 세계관적 고찰: 요한계시록 21장 1‒4절을 중심으로」, 『신앙과 학문』 24(4), 186‒207쪽.

11 Harvey, P. D. A., "The Sawley Map(Henry of Mainz) and other world maps in Twelfth‒Century England," *Imago Mundi*, 49 (1997), pp. 33‒42.

12 오이쿠메네에 대해 가장 명확한 정의를 제시하는 문헌은 그리스 지리학자 스트라보Strabo가 저술한 『지리학Geographica』이다. 스트라보는 다음과 같이 설명한다. "우리는 우리가 거주하고 있는, 그리고 우리가 알고 있는 세상을 오

이쿠메네라 부른다."(Geog. 1.4.6)

13   Kupfer, M. (2014), "The Jerusalem Effect: Rethinking the Centre in Medieval world Maps", B. Kühnel, G. Noga-Banai, H. Vorholt, *Visual Constructs of Jerusalem*, Brepols: Turnhout, pp. 353-365.

14   주 여호와께서 이와 같이 이르시되 이것이 곧 예루살렘이라 내가 그를 이방 인 가운데에 두어 나라들이 둘러 있게 하였거늘(「에스겔」5:5).

15   Verholt, H. (2009), "A Twelfth-Century Map of Jerusalem from Winchcombe, Gloucestershire," *Imago Mundi*, 61(2), pp. 244-255.

16   Barney et al. (2006), *The Etymologies of Isidore of Seville*, Cambridge University Press, p. 277.

17   근대 과학의 선구자인 프랜시스 베이컨Francis Bacon(1561~1626년)이 1620년 집 필한 『신기관New Organon』의 표지에는 범선이 헤라클레스의 기둥을 지나서 대 서양으로 항해하는 모습이 그려져 있다. 이 배는 이 세상 끝, 곧 인간 한계의 끝을 보란 듯 빠져나가는데, 이는 어두컴컴한 중세 바다를 빠져나와 과학의 물결이 넘실대는 근대라는 대양으로 항진하는 배라고 볼 수 있다.

18   엄밀히 말하면 모든 중세의 세계지도가 이러한 기독교 세계관에 의해 제작 된 것은 아니다. 대표적인 예가 기후대를 나타내는 세계지도로 흔히 말하는 그림 2와 같은 마크로비우스Macrobius 유형의 지도들이다. 이 지도들은 북쪽 을 주로 지도의 위로 두고 제작하였다. 그리고 일반적인 세계지도가 역사적 시대에 의해 정의되는 인간 거주 공간인 북반구만 기술하는 데 반해, 지구 전 체를 묘사하는 것도 차이점이라 할 수 있다. 따라서 세계지도의 유형에 따라 기독교 세계관의 반영 정도 역시 달라지는 것임을 알 수 있다. 기후대를 나타 내는 세계지도는 주제도이므로 일반도의 역할을 하는 일반 세계지도와는 구 별될 수밖에 없다.

19   이재영 (2005), 「아우구스티누스의 교리교수법과 교리교사론에 관한 연구 - 초심자교리De catechizandis rudibus를 중심으로 -」, 『가톨릭신학』(6), 49-92쪽.

20   Barney et al. (2006), op. cit., p. 130.

21   Edson, E. (1997), *Mapping time and space: How medieval mapmakers viewed their world*, London: The British Library.

22   McKenzie, S. (2006), "The westward progression of history on medieval mappmundi," in Harvey, P.D.A., eds. *the hereford world map: medieval world*

maps and their context, London: The british library, p. 339.

23   Cattaneo, A., "European Medieval and Renaissance Cosmography: A Story of Multiple Voices," *The Asian review of World Histories*, 4(1) (2016), pp. 35−81.

24   아우구스티누스 (2004), 『신국론: 제11~18권』, 성염 옮김, 분도출판사, 1151쪽.

제3장

1   코스마스를 비롯한 많은 사람은 다양한 지역을 인도로 불렀다. 코스마스 자신도 아라비아해를 내부 인도, 중국을 먼 인도라고 불렀다. 그러므로 그가 에티오피아와 주변 바다를 방문했지만, 당시 사람들의 관례에 따라 후대 편집자가 그를 인도의 항해자라고 부른 것으로 해석된다(이은선, 2019).

2   Dilke, O. A. W. (1987), "Cartography in the Byzantine Empire", in Harley, J. B and Woodward, D. (ed.), *History of Cartography: Cartography in Prehistoric, Ancient and Medieval Europe and the Mediterranean*, Chicago: University of Chicago Press.

3   서명수 (2005), 「성막과 법궤의 기능」, 『구약논단』 1(18), 73−83쪽.

4   Kominko, M. (2013), *The world of Kosmas: illustrated Byzantine codices of the Christian topography*, New York: Cambridge University Press.

5   '네스토리우스파'란 '네스토리우스'를 이단 교주로 여기며 그의 가르침을 따르는 세력을 두고 칭하는 경멸적인 뜻을 가지고 있지만, 여기서는 인용한 저서에 표기된 그대로 이 용어를 채택하기로 한다.

6   Jaynes, J. (2018), *Christianity beyond Christendom : the global Christian experience on medieval mappaemundi and early modern world maps*, Wiesbaden: Harrassowitz Verlag in Kommission, p. 71.

7   Delumeau, J. (2000), *History of Paradise*, University of Illinois Press, Urbana, p. 44.

8   Lecoq, D. (1987), "La Mappemonde du Liber floridus ou la vision du monde de Lambert de Saint−Omer," *Imago Mundi*, 39, pp. 9−49.

9   여기서 언급된 에녹은 『창세기』 5장 24절에 언급된 신과 동행한 에녹Enoch과는 다른 인물이다.

10 Westrem, S. D. (2001), *The Hereford Map*, Turnhour: Brepols, p. 34.

11 Yule, H. (1913-16), "The Travels of John de Marignolli 1339−1353," in *Cathay and the way thither: being a collection of medieval notices of China*, Vol. II, London: Printed for the Hakluyt Society, pp. 209−269.

12 Van Duzer, C. and Dines, I. (2016), *Apocalyptic cartography: thematic maps and the end of the world in a fifteenth-century manuscript*, Leiden: Brill/Hes & De Graaf and Dines, p. 40.

13 Bostock, J. and Riley, H. T. (1857), *The Natural history of Pliny*, London: Henry G. Bohn; Healy, J. F. (2004), *Pliny the Elder Natural History*, London: Penguin Books.

14 Williams, J. (1997), "Isidore, Orosius and the Beatus Map," *Imago Mundi*. 49, pp. 7−32.

15 Jaynes, op. cit..

16 사도 요한은 「요한계시록」 20장에서 예수 그리스도를 증언하다가 목 베임을 받은 자들, 곧 순교자들과 짐승에게 경배하지 않은 자들과 짐승의 표를 받지 않은 성도들이 살아나서 천년 동안 그리스도와 함께 왕 노릇하고 그리스도 와 함께 다스릴 것이라고 말한다. 이를 일컬어 '천년왕국'이라고 한다.

17 박성혜 (2021), 「신앙이 꽃피운 중세의 보물−스페인 베아투스 필사본」, 『융합 교양연구』 8(1), 51−80쪽.

18 이 두 국가는 「다니엘」 8장 20절에 기록된, 다니엘이 환상 속에서 본 숫양의 두 뿔이 메디아와 페르시아라고 천사가 해석해 준 데서 나왔다. 처음엔 메디 아가 페르시아보다 더 강했기 때문에 페르시아는 메디아의 속국이었다. 그 렇지만 페르시아가 강해졌고, 이후 두 나라는 페르시아제국으로 하나가 되 었다.

19 김대웅 (2021), 「하늘로 뻗어 오른 뿔과 땅으로 던져진 별들(다니엘 8장 10절)」, 『신학지남』 88(1), 3−23쪽.

20 이와 같이 에덴동산을 원이나 사각형으로 그린 것에 대해서는 비유적 해석 도 가능하다. 예를 들어 원은 완전성, 사각형은 「요한계시록」 21장에 언급되 는 네모가 반듯한 거룩한 성의 이미지를 비유한다는 것이다.

21 「고린도전서」 15장 5절에서 바울이 가룟 유다가 빠진 11명의 제자를 '열하나' 가 아닌 '열둘'이라고 부른 것으로 미루어 열둘은 상징적으로 유의미하다. 그

래서 이에 대해 신학자들은 이스라엘 열두 지파의 지도자 역할 등 다양한 의미로 해석한다. 따라서 여기서도 11명이지만 열두 제자로 부르기로 한다(신현우, 2021).

22 김재구 (2009), 「아담과 노아의 실패와 아브라함의 성공」, 『구약논단』 15(1), 52-72쪽.

23 Barber, P. (1995), "The Evesham World Map: A Late Medieval English View of God and the World," *Imago Mundi*, 47, pp. 13-33.

24 이 해석 역시 기본적으로 아우구스티누스의 신학에 전제한 것이다. 영원히 열리지 않는 문은 문이 아니다.

25 Birkholz, D. (2006), "Mapping Medieval Utopia: Exercises in Restraint", *Journal of Medieval and Early Modern Studies*, 36(3), p. 596.

26 이 지도는 달력의 개념도 포함한다. 여기서의 A는 4월을 의미한다.

27 Wright, J. K. (1928), *The Leardo map of the world 1452 or 1453*, New York: American geographical society, p. 39.

28 그의 행적은 3세기에 저작된 시리아 교회 문서인 『도마행전Acta Thomae』에 기록되어 있다.

29 박두환 (2015), 「요한계시록에 나오는 두 증인ὁ δύο μάρτυς에 관한 전승사적 연구」, 『신학사상』 171, 43-66쪽.

30 에덴동산에 거주할 수 있는 사람은 당연히 이들뿐이지만 다르게 해석하는 경우도 존재한다. 비유적으로 해석하는 경우인데, 두 사람이 올리브 가지를 들고 대화를 나누는 모습을 근거로 유대인과 기독교인이며 이는 구약과 신약의 조화를 의미한다고 주장하는 학자도 있다(Brown, 2000).

31 노화선 (2022), 「호르투스 콘클루수스Hortus Conclusus' 도상에 나타난 성모 마리아 연구」, 인천가톨릭대학교 대학원 석사논문.

32 Birkholz, op. cit..

33 박민경 (2022), 「'닫힌 정원'에 수집된 귀부인: 〈여인과 유니콘〉 태피스트리를 중심으로」, 『서양미술사학회 논문집』 57, 55-74쪽.

34 개역개정에서는 힛데겔, 쉬운성경과 새번역에서는 티그리스로 번역하고 있다.

35 Whiston, W. (1987), Josephus, *The Works of Josephus*, Peabody: Hendrickson

Publisher.

36 Scafi, A. (2006), *Mapping Paradise: A History of Heaven on Earth*, The University of Chicago Press, p. 13.

37 Brock, S. (2010), *St.Ephrem the Syrian, Hymns on Paradise*, St. Vladimir's seminary press, New York (1990); Mathews, Jr, E. G., *Saint Ephrem the Syrian, The Fathers of the Church*, Washington, D.C.: Catholic University of America Press.

38 Merrills, A. H. (2005), *History and Geography in Late Antiquity*, Cambridge: Cambridge University Press, p. 82.

39 ibid., p. 83.

40 홍해 연안에 위치한 무역도시로 프톨레마이오스는 북위 9도, 동경 79도에 위치한다고 기록했다(Stevenson, 1991:107).

41 Fear, A. T. (2010), *Orosius: Seven Books of History against the Pagans*, Liverpool: Liverpool University Press, p. 39.

42 Barney et al. (2006), *The Etymologies of Isidore of Seville*, Cambridge University Press, p. 280.

43 Yilmaz, I. (2015), "The source of the Nile the 'Book of Navigation'," *Area*, 47, p. 274

44 「열왕기하」 5장 12절에서 시리아 장군 나아만이 목욕을 한 아바나Abana강을 지칭한다. 매우 맑고 아름다워서 황금의 강으로 불렸다.

45 Lichtenberger, A. (2019), "Antioch at the Chrysorrhoas—Gerasa, but which river?," *Syria. Archéologie, art et histoire*, pp. 471–476.

46 Roland, J. and Teske, S. J. (1991), *St.Augustine on Genesis: Two books on Genesis against the Manichees and on the literal interpretation on Genesis*, Washington, D.C.: The Catholic University of America Press.

47 왕대일 (2016), 「곡의 멸망 · 곡의 무덤, 종말에 이르는 이정표(겔 39:1-20)」, 『신학과세계』 88, 7–36쪽.

48 Whiston, op. cit., p. 36.

49 Anderson, A. R. (1932), *Alexander's Gate, Gog and Magog, and the Inclosed*

Nations. *Medieval Academy of America*, Cambridge.

50   Lascelles, M. M. (1936), "Alexander and the earthly paradise in medieval english writings (Continued)," *Medium Ævum*, 5(2), pp. 79 - 104.

51   Gow, A. C. (1995), *The Red Jews, Antisemitism in an Apocalyptic Age 1200-1600*, Leiden : Brill.

52   ibid..

53   "Gog Magog chest Alexander gie ne roccon ecarleire de tribus iudeoron"

54   Kline, N. R. (2006), "Alexander Interpreted on the Hereford Mappamundi," in Harvey. P.D.A. (eds.), *Hereford World Map*, London : The British Library.

55   "berg Caspij verschlossen gog magog"

56   폴 존슨 (2005), 『유대인의 역사 2 유럽의 역사를 바꾸다』, 김한성 옮김, 살림.

57   김상근 (2007), 「그리스도교 역사에 나타난 반유대주의Anti-Semitism 의 실체: 요한 크리소스톰에서 마르틴 루터까지」, 『한국 기독교 신학논총』 53, 331-358쪽.

58   최창모 (2004), 『기억과 편견 반유대주의의 뿌리를 찾아서』, 책세상.

59   1235년 폴란드의 풀다Fulda에서 34명의 유대인이 이 죄로 기소되어 처형되었기 때문에 이 사건과 연계되어 유대인이 살인을 한다는 소문은 점차 대중의 의식 속에 자리 잡게 되었다. 물론 이 사실은 나중에 전혀 근거가 없는 것으로 밝혀졌다.

60   붉은색의 머리와 피부는 원래 유럽에서 야만인을 조롱하는 의미에서 사용되었다. 예를 들어 98년에 타키투스Cornelius Tacitus가 저술한 게르만족에 대한 서적인 『게르마니아Germania』에 의하면, 게르만족은 붉은색 머리에 체격이 좋으며 아주 강렬한 푸른 눈을 가지고 있는 것으로 기술되어 있다(우혜령, 2004:121).

61   Gow, op. cit..

62   Whiston, op. cit., p. 133.

63   Delumeau, op. cit..

64   Zerubavel, E. (1992), *Terra Cognita*, New Brunswick : Rutgers University Press, p. 91.

65   주경철 (2013), 「크리스토퍼 콜럼버스 : 종말론적 신비주의자」, 서울대학교출

판문화원, 246-255쪽.

66 Edson, E., (2006), *The world map 1300-1492*, Baltimore: The Jones Hopkins University Press, pp. 211-214.

67 Flint, V. L. J. (1992), *The imaginative landscape of Christophe Columbus*, Princeton: Prinston University Press, pp. 149-181.

68 주경철 (2010), 「콜럼버스의 심성 구조와 해로의 개척: 콜럼버스의 1차 항해를 중심으로」, 『대구사학』 100, 413-434쪽.

69 정인철 (2016), 「오론서 피네의 세계지도 연구 : 하트 형태의 상징적 의미와 동아시아 정보를 중심으로」, 『한국지도학회지』 16(1), 1-14쪽.

제4장

1 Moffitt, J. F. (1993), "Medieval Mappaemundi and Ptolemy's Chorographia," *Gesta*, 32(1), pp. 59-68.

2 남종국 (2013), 「사제 요한 왕국의 전설 형성」, 『서양중세사연구』 32, 81-106쪽.

3 주경철 (2010), 「콜럼버스의 심성 구조와 해로의 개척: 콜럼버스의 1차 항해를 중심으로」, 『대구사학』 100, 413-434쪽.

4 라틴어로 「창세기」 2장 13절이 다음과 같이 표기되어 있다. "Et nomen fluvii secundi Gehon ; ipse est qui circumit omnem terram Æthiopiæ."

5 Freeman, P. H. (2008), *Out of the East: spices and the medieval imagination*, New Haven: Yale University Press.

6 Schneider, P. (2015), "The so-called confusion between India and Ethiopia: the eastern and southern edges of the inhabited world from the Greco-Roman perspective," S. Bianchetti, M. R. Cataudella, H. J. Gehrke. *Brill's Companion to Ancient Geography: The Inhabited World in Greek and Roman Tradition*, pp.184-205, Brill's Companions to Classical Studies. Leiden: Brill.

7 Wright, J. K. (1965), *The Geographical Lore at the Time of the Crusades: A Study in the History of Medieval Science and Tradition in Western Europe*, New York: Dover Publications, reprint of 1925 edition, p. 333.

8   Vasunia, P. (2016), "Ethiopia and India: Fusion and Confusion in British Orientalism", *Les Cahiers d'Afrique de l'Est*, 51, pp. 21–43.

9   Marino, N. F. (1999), *El Libro del conoscimiento de todos los reinos (The Book of Knowledge of All Kingdoms)*, Tempe: Arizona Center for Medieval and Renaissance Studies.

10 Delumeau, J. (2000), *History of Paradise*, University of Illinois Press, Urbana, p. 44.

11 Scafi, A. (2006), *Mapping Paradise: A History of Heaven on Earth*, The University of Chicago Press, pp. 172–174.

12 Schmieder, F. (2018), "Geographies of Salvation: How to Read Medieval Mappae Mundi," *Peregrinations: Journal of Medieval Art and Architecture*, 6(3), pp. 21–42.

13 현재 원본은 남아있지 않으며 현존하는 사본 중 가장 오래된 것은 '파리 텍스트'라 부르는 1371년의 필사본이다.

14 존 맨더빌 (2014), 『맨더빌 여행기』, 주나미 옮김, 오롯, 306쪽.

15 남종국 (2014), 「사제 요한 왕국을 찾아서」, 『서양중세사연구』 34, 115–143쪽.

16 Beckingham, C. (1989), "An Ethiopian embassy to europe, c.1310," *Journal of Semitic Studie*, 19(2), p. 341.

17 Schmieder, op. cit..

18 Scafi, A. (2008), "The African Paradise of Cardinal Carvajal: New Light on the 'Kunstmann II Map,' 1502–1506", *Renaissance and Reformation*, 31(2), pp. 7–28.

19 Delumeau, op. cit..

20 Scafi (2008), op. cit..

21 Relaño, F. (2004), "Paradise in Africa The History of a Geographical Myth from its Origins in Medieval Thought to its Gradual Demise in Early Modern Europe," *Terrae Incognitae*, 36(1), pp. 4–5.

22 정인철 (2023), 「서양고지도에 표시된 '달의 산맥'의 지리적 위치와 그 변화에 대한 연구」, 『한국지도학회지』 23(2), 1–17쪽.

1   Berns, A. D. (2014), "The Place of Paradise in Renaissance Jewish Thought," *Journal of the History of Ideas*, 75(3), p. 362.

2   Scafi, A. (2006), *Mapping Paradise: A History of Heaven on Earth*, The University of Chicago Press, p. 262.

3   아시아, 아프리카, 유럽 지리를 언급한 『Epitome trium terrae partium, Asiae, Africae et Europae』의 저자이다.

4   Scafi, op. cit., p. 264.

5   『탁상담화』와 『창세기 강해』의 발간 연도로 루터의 견해의 시간적 전개를 추정하는 것은 불가능하다. 왜냐면 이들 책은 오랜 기간 이루어진 담화와 강해 내용을 편집하여 수록했기 때문이다.

6   Hazlitt, H. (1872), *Table Talk of Martin Luther*, London: Bell & Daldy, p. 55.

7   Luther, M. (1958), *Lectures on Genesis Chapters 1-5*, Saint Louis: Concordia Publishing House.

8   Lenker, J. N. (1904), Luther on the Creation, Commentary on Genesis, Vol. 1, Minneapolis: Lutherans in all lands Co.

9   Duncan, J. E. (1969), "Paradise as the Whole Earth," *Journal of the History of Ideas*, 30(2), pp. 171–186.

10 김대웅 (2016), 「다니엘의 묵시적 이상과 에스겔의 소명 기사: 다니엘 7장의 에스겔 1장 인유(Allusion) 해석」, 『성경과 신학』 80, 37–72쪽.

11 Scafi, op. cit., pp. 267–270.

12 McGrath, A. and Packer, J. I. (2001), *Genesis by John Calvin*, Wheaton: Crossway books, p. 33.

13 ibid., p. 35.

14 King, J. (1948), Commentaries on the First Book of Moses called Genesis By John Calvin, Vol.1, Grand Rapids: WM. B. Eerdmans publishing company, pp. 120–122.

참고문헌

▶ 국내 자료

E. 에드슨, E. 새비지 스미스 (2006), 『중세, 하늘을 디자인하다』, 이정아 옮김, 이른
    아침.

김대웅 (2016), 「다니엘의 묵시적 이상과 에스겔의 소명 기사: 다니엘 7장의 에스겔
    1장 인유(Allusion) 해석」, 『성경과 신학』 80, 37-72.

김대웅 (2021), 「하늘로 뻗어 오른 뿔과 땅으로 던져진 별들(다니엘 8장 10절)」, 『신
    학지남』 88(1), 3-23.

김상근 (2007), 「그리스도교 역사에 나타난 반유대주의(Anti-Semitism)의 실체: 요
    한 크리소스톰에서 마르틴 루터까지」, 『한국 기독교 신학논총』 53, 331-358.

김재구 (2009), 「아담과 노아의 실패와 아브라함의 성공」, 『구약논단』 15(1), 52-72.

남종국 (2013), 「사제 요한 왕국의 전설 형성」, 『서양중세사연구』 32, 81-106.

남종국 (2014), 「사제 요한 왕국을 찾아서」, 『서양중세사연구』 34, 115-143.

노화선 (2022), 「호르투스 콘클루수스(Hortus Conclusus)' 도상에 나타난 성모 마리
    아 연구」, 인천가톨릭대학교 대학원 석사논문.

로널드 헨델 (2020), 『창세기와 만나다』, 박영희 옮김, 비아.

리처드 루드글리, (2004), 『바바리안』, 우혜령 옮김, 뜨인돌.

박두환 (2015), 「요한계시록에 나오는 두 증인(ὁ δύο μάρτυς)에 관한 전승사적 연구」,
    『신학사상』 171, 43-66.

박민경 (2022), 「'닫힌 정원'에 수집된 귀부인: 〈여인과 유니콘〉 태피스트리를 중심으
    로」, 『서양미술사학회 논문집』 57, 55-74.

박성혜 (2021), 「신앙이 꽃피운 중세의 보물-스페인 베아투스 필사본」, 『융합교양연

구』8(1), 51-80.

서명수 (2005), 「성막과 법궤의 기능」, 『구약논단』 1(18), 73-83.

서원모 (2016), 「성경해석과 철학-아우구스티누스의 창조론을 중심으로-」, 『중세철학』 22, 43-115.

신현우 (2021), 「예수의 열두 제자 임명과 새 이스라엘-마가복음 3:13-19 주해」, 『신약논단』 28(1), 73-110.

아가페출판사 편집부 (1991), 『아가페 성경사전』, 아가페출판사

아우구스티누스 (2004), 『신국론: 제11~18권』, 성염 옮김, 분도출판사.

왕대일 (2016), 「곡의 멸망·곡의 무덤, 종말에 이르는 이정표(겔 39:1-20)」, 『신학과 세계』 88, 7-36.

우병훈 (2023), 「아우구스티누스의 창세기 해석의 유연성」, 『개혁논총』 66, 45-85.

이은선 (2019), 「코스마스의 『기독교 지형학』에 나타난 동서 문명 교류에 대한 이해」, 『한국교 회사학회지』 54, 313-353.

이재영 (2005), 「아우구스티누스의 교리교수법과 교리교사론에 관한 연구-초심자교리(De catechizandis rudibus)를 중심으로-」, 『가톨릭신학』 (6), 49-92.

정인철 (2008), 「서양 중세 세계지도에 표현된 지상낙원의 지도학적 연구」, 『대한지리학회지』 43(3), 412-431.

정인철 (2010), 「서양고지도에 나타난 곡과 마곡의 표현 유형」, 『대한지리학회지』 45(1), 165-183.

정인철 (2016), 「오론서 피네의 세계지도 연구 : 하트 형태의 상징적 의미와 동아시아 정보를 중심으로」, 『한국지도학회지』 16(1), 1-14.

정인철 (2020), 『테라 오스트릴리스: 상상, 모험 그리고 지도』, 푸른길.

정인철 (2023), 「서양고지도에 표시된 '달의 산맥'의 지리적 위치와 그 변화에 대한 연구」, 『한국지도학회지』 23(2), 1-17.

조미정 (2022), 「구약성경에 나타난 종말론의 성격과 기원: 창 1-3장과 슥 14장의 간본문성 연구를 중심으로」, 아신대학교 대학원 박사학위논문.

조신권 (2006), 「Paradise Lost의 공간: 에덴동산」, 『기독교와 어문학』 3(1), 5-37.

조재천 (2014), 「알렉산드리아의 필로의 성경 주해 저술들과 알레고리의 성격」, 『Canon & Culture』 8(1), 85-108.

존 맨더빌 (2014), 『맨더빌 여행기』, 주나미 옮김, 오롯.

주경철 (2010), 「콜럼버스의 심성 구조와 해로의 개척: 콜럼버스의 1차 항해를 중심으로」, 『대구사학』 100, 413-434.

주경철 (2013), 『크리스토퍼 콜럼버스 : 종말론적 신비주의자』, 서울대학교출판문화원.

최용준 (2019), 「완성에 대한 기독교 세계관적 고찰: 요한계시록 21장 1−4절을 중심으로」, 『신앙과 학문』 24(4), 186−207.

최창모 (2004), 『기억과 편견 반유대주의의 뿌리를 찾아서』, 책세상.

폴 존슨 (2005), 『유대인의 역사 2 유럽의 역사를 바꾸다』, 김한성 옮김, 살림.

황원숙 (1999), 「『다시 찾은 낙원』에 나타나는 에덴동산의 의미」, 『영미어문학』 56, 45−63.

▶ 국외 자료

Anderson, A. R. (1932), *Alexander's Gate, Gog and Magog, and the Inclosed Nations.* Medieval Academy of America, Cambridge.

Ausloos, H., (2017), ""Garden in Eden" or "paradise of delight"? The Septuagint's rendering of עדן in the book of Genesis," *Acta Theologica*, 37(1), 6−17.

Barber, P. (1995), "The Evesham World Map: A Late Medieval English View of God and the World," *Imago Mundi*, 47, 13−33.

Barney, S. A., Lewis, W. J., Beach, J. A., and Berghof, O (2006), *The Etymologies of Isidore of Seville*, Cambridge University Press.

Beckingham, C. (1989), "An Ethiopian embassy to europe, c.1310," *Journal of Semitic Studie*, 19(2), 337−46.

Berg, C. (2022), "Sanudo's Vision, Vesconte's Expertise, and the Ghost Hand: Reception of the Maps in the MS Additional 27376," *Material Culture Review*, 94, 33−49.

Berns, A. D. (2014), "The Place of Paradise in Renaissance Jewish Thought," *Journal of the History of Ideas*, 75(3), 351−371.

Birkholz, D. (2006), "Mapping Medieval Utopia: Exercises in Restraint", *Journal of Medieval and Early Modern Studies*, 36(3), 585−618

Bostock, J. and Riley, H. T. (1857), *The Natural history of Pliny*, London: Henry G. Bohn.

Braude, B. (1997), "The Sons of Noah and the Construction of Ethnic and Geographical Identities in the Medieval and Early Modern Periods." *The William and Mary Quarterly*, 54(1), 103−142.

Brewer, K. (2015), *Prester John: The Legend and its Sources*, Aldershot: Ashgate

Publishing.

Brock, S. (1990), *St. Ephrem the Syrian, Hymns on Paradise*, St. Vladimir's seminary press, New York.

Brown, W. A. (2000), *The world image expressed in the Rudimentum Novitiorum*, Washington: Library of congress,

Calvin, J. (1554), *Commentaires sur le premier livre de Moyse, dit Génèse*, Geneve: Jean Gerard.

Calvin, J. (2001), *Genesis*, Wheaton: Crosseay Books.

Cattaneo, A. (2003), "God in His World: The Earthly Paradise in Fra Mauro's Mappamundi illuminated by Leonardo Bellini," *Imago Mundi*, 55(1), 97−102.

Cattaneo, A. (2016), "European Medieval and Renaissance Cosmography: A Story of Multiple Voices," *The Asian review of World Histories*, 4(1), 35−81.

Delumeau, J. (2000), History of Paradise, University of Illinois Press, Urbana.

Dilke, O. A. W. (1987), "Cartography in the Byzantine Empire", in Harley, J. B. and Woodward, D. (ed.), *History of Cartography: Cartography in Prehistoric, Ancient and Medieval Europe and the Mediterranean*, Chicago: University of Chicago Press.

Duncan, J. E. (1969), "Paradise as the Whole Earth," *Journal of the History of Ideas*, 30(2), 171−186.

Edson, E. (1997), *Mapping time and space: How medieval mapmakers viewed their world*, London: The British Library.

Edson, E. (2006), *The world map 1300-1492*, Baltimore: The Jones Hopkins University Press.

Falchetta, P. (2006), *Fra Mauro's world map*, Turnhout: Brepols.

Fear, A. T. (2010), *Orosius: Seven Books of History against the Pagans*, Liverpool: Liverpool University Press.

Flint, V. L. J. (1992), *The imaginative landscape of Christophe Columbus*, Princeton: Prinston University Press.

Freeman, P. H. (2008), *Out of the East: spices and the medieval imagination*, New Haven: Yale University Press.

Gow, A. C. (1995), *The Red Jews, Antisemitism in an Apocalyptic Age 1200-1600*, Leiden: Brill.

Grčić, M. (2021), "Geographical image of the world in the London Psalter Maps from the 13th century," *Zbornik Radova*, 69, 25—61.

Harvey, P. D. A. (1997), "The Sawley Map (Henry of Mainz) and other world maps in Twelfth—Century England," *Imago Mundi*, 49, 33—42.

Hazlitt, H. (1872), *Table Talk of Martin Luther*, London: Bell & Daldy.

Healy, J. F. (2004), *Pliny the Elder Natural History*, London: Penguin Books.

Jacobs, A. S. (2013), "Epiphanius of Salamis and the Antiquarian's Bible," *Journal of Early Christian Studies*, 21(3), 437—464.

Janvier, Y. (1982), *La Géographie d'Orose, Les Belles Lettres*, Paris.

Jaynes, J. (2018), *Christianity beyond Christendom : the global Christian experience on medieval mappaemundi and early modern world maps*, Wiesbaden: Harrassowitz Verlag in Kommission.

King, J. (1948), Commentaries on the First Book of Moses called Genesis By John Calvin, Vol.1, Grand Rapids: WM. B. Eerdmans publishing company.

Kline, N. R. (2006), "Alexander Interpreted on the Hereford Mappamundi," in Harvey. P.D.A.(eds.), *Hereford World Map*, London: The British Library.

Kominko, M. (2013), *The world of Kosmas: illustrated Byzantine codices of the Christian topography*, New York: Cambridge University Press.

Kupfer, M. (2014), "The Jerusalem Effect: Rethinking the Centre in Medieval world Maps," In *Visual Constructs of Jerusalem*, edited by Bianca Kühnel, Galit Noga—Banai and Hanna Vorholt (Brepols: Turnhout), 353—365.

Lascelles, M. M. (1936), "Alexander and the earthly paradise in medieval english writings (Continued)," *Medium Ævum*, 5(2), 79—104.

Lecoq, D. (1987), "La Mappemonde du Liber floridus ou la vision du monde de Lambert de Saint—Omer," *Imago Mundi*, 39, 9—49.

Lecoq, D. (1993), "Mappemonde d'Henri de Mayence," in Duchet—Suchaux, G.(ed), *Iconographie medievale : image, texte, contexte*, Paris: CNRS.

Lenker, J. N (1904), Luther on the Creation, Commentary on Genesis, Vol. 1, Minneapolis: Lutherans in all lands Co.

Lichtenberger, A. (2019), "Antioch at the Chrysorrhoas—Gerasa, but which river?," *Syria. Archéologie, art et histoire*, 471—476.

Luther, M. (1958), *Lectures on Genesis Chapters 1-5*, Saint Louis: Concordia Publishing House.

에덴동산_중세 세계지도 속 지상낙원

Marino, N. F. (1999), *El Libro del conoscimiento de todos los reinos(The Book of Knowledge of All Kingdoms)*, Tempe: Arizona Center for Medieval and Renaissance Studies.

Martens, P. (2013), "Origen's Doctrine of Pre−Existence and the Opening Chapters of Genesis," *Zeitschrift für Antikes Christentum*, 16, 516−549.

Mathews, Jr, E. G. (2010), *Saint Ephrem the Syrian, The Fathers of the Church*, Washington, D.C.: Catholic University of America Press.

McGrath, A. and Packer, J. I. (2001), *Genesis by John Calvin*, Wheaton: Crossway books.

Mckenzie, S. (2006), "The westward progression of history on medieval mappmundi," in Harvey, P. D. A., eds. *the hereford world map: medieval world maps and their context*, London: The british library, 335−344.

Merrills, A. H. (2005), *History and Geography in Late Antiquity*, Cambridge: Cambridge University Press.

Mingana, A. (1932), *Commentary of Theodore of Mopsuestia on the Nicene Creed*, Cambridge: W.Heffer & Sons.

Mittman, A. S. (2013), "Gates, Hats, and Naked Jews: Sorting out the Nubian Guards on the Ebstorf Map," *Zeitschrift für Geschlechterforschung und visuelle Kultur*, 54, 89−101.

Moffitt, J. F. (1993), "Medieval Mappaemundi and Ptolemy's Chorographia," *Gesta*, 32(1), 59−68.

Morse, V. (2007), "The role of maps in later medieval society: twelfth to fourteenth century," in Woodward, D.(ed.), *The History of Cartography: Cartography in the European Renaissance*, Chicago: The University of Chicago Press.

Philo (1929), *On the Creation. Allegorical Interpretation of Genesis 2 and 3*. Translated by F. H. Colson, G. H. Whitaker. Loeb Classical Library 226. Cambridge, MA: Harvard University Press.

Regnault, A. (1573), *Discours du voyage d'Outremer au Sainct Sepulcre de Jerusalem, et autres lieux de la terre Saincte*, Lyon: G. Rouille.

Relaño, F. (2004), "Paradise in Africa The History of a Geographical Myth from its Origins in Medieval Thought to its Gradual Demise in Early Modern Europe," *Terrae Incognitae*, 36(1), 1−11.

Roland, J. and Teske, S. J. (1991), *St. Augustine on Genesis: Two books on Genesis against the Manichees and on the literal interpretation on Genesis*, Washington, D.C.: The Catholic University of America Press.

Scafi, A. (2006), *Mapping Paradise: A History of Heaven on Earth*, The University of Chicago Press.

Scafi, A. (2008), "The African Paradise of Cardinal Carvajal: New Light on the 'Kunstmann II Map,' 1502 – 1506", *Renaissance and Reformation*, 31(2), 7–28.

Schmieder, F. (2018), "Geographies of Salvation: How to Read Medieval Mappae Mundi," *Peregrinations: Journal of Medieval Art and Architecture*, 6(3), 21–42.

Schneider, P. (2015), "The so-called confusion between India and Ethiopia: the eastern and southern edges of the inhabited world from the Greco-Roman perspective," S. Bianchetti, M. R. Cataudella, H. J. Gehrke. *Brill's Companion to Ancient Geography: The Inhabited World in Greek and Roman Tradition*, pp.184– 205, Brill's Companions to Classical Studies. Leiden: Brill.

Smith, C. D. (1990), "Maps as Art and Science: Maps in Sixteenth Century Bibles," *Imago Mundi*, 42(1), 65–83.

Stevenson, E. L. (1991), *The Geography: Claudius Ptolemy*, New York: Dover Publications.

Terkla, D. (2004), "The Original Placement of the Hereford Mappa Mundi," *Imago Mundi*, 56(2),131–51.

Terkla, D. (2013), "Hugh of St Victor (1096–1141) and Anglo-French Cartography," *Imago Mundi*, 65(2), 161–179.

Van Duzer, C. and Dines, I. (2016), *Apocalyptic cartography: thematic maps and the end of the world in a fifteenth-century manuscript*, Leiden: Brill/Hes & De Graaf.

Vasunia, P. (2016), "Ethiopia and India: Fusion and Confusion in British Orientalism", *Les Cahiers d'Afrique de l'Est*, 51, 21–43.

Verholt, H. (2009), "A Twelfth-Century Map of Jerusalem from Winchcombe, Gloucestershire," *Imago Mundi*, 61(2), 244–255.

Walford, E. (1855), *The Ecclesiastical History of Philostorgius*, London: Henry G. Bohn.

Westrem, S. D. (2001), *The Hereford Map*, Turnhour: Brepols.

Whiston, W. (1987), *Josephus, The Works of Josephus*, Peabody: Hendrickson

에덴동산_중세 세계지도 속 지상낙원

Publisher.

Williams, J. (1997), "Isidore, Orosius and the Beatus Map," *Imago Mundi*, 49, 7−32.

Woodward, D. (1985), "Reality, Symbolism, Time and Space in Medieval World Maps," *Annals of the Association of American Geographers*, 75, 510−21.

Woodward, D. (1987), "Medieval Mappaemundi," in Harley, J.B. and Woodward, D., eds. *History of Cartography*, Vol.1, Chicago: The University of Chicago Press, 286−370.

Woodward, D. (2007), "Cartography and the Renaissance continuity and change," in in Woodward, D., eds. *History of Cartography*, Vol.3, Chicago: The University of Chicago Press, 3−24.

Wright, J. K. (1928), *The Leardo map of the world 1452 or 1453*, New York: American Geographical Society.

Wright, J. K. (1965), *The Geographical Lore at the Time of the Crusades: A Study in the History of Medieval Science and Tradition in Western Europe*, New York: Dover Publications, reprint of 1925 edition.

Yilmaz, I. (2015), "The source of the Nile the 'Book of Navigation'," *Area*, 47, 272−281.

Yule, H. (1913−16), "The Travels of John de Marignolli 1339−1353," in *Cathay and the way thither: being a collection of medieval notices of China*, Vol. II, London: Printed for the Hakluyt society, 209−269.

Zerubavel, E. (1992), *Terra Cognita*, New Brunswick: Rutgers University Press.

에덴동산

중세 세계지도 속 지상낙원

초판 발행   2025년 1월 13일

지 은 이   정인철
펴 낸 이   김성배
펴 낸 곳   도서출판 씨아이알

책임편집   신은미
디 자 인   윤현경 엄해정
제작책임   김문갑

등록번호   제2-3285호
등 록 일   2001년 3월 19일
주   소   (04626) 서울특별시 중구 필동로 8길 43(예장동 1-151)
전화번호   02-2275-8603(대표)
팩스번호   02-2265-9394
홈페이지   www.circom.co.kr

I S B N   979-11-6856-302-5 93900